Camilo Ernesto Roa Nieto

El Espiritismo de Acuerdo a la Voluntad de Dios

Camilo Ernesto Roa Nieto

El Espiritismo de Acuerdo a la Voluntad de Dios

Filosofia Espiritual

CREDO EDICIONES

Imprint
Any brand names and product names mentioned in this book are subject to trademark, brand or patent protection and are trademarks or registered trademarks of their respective holders. The use of brand names, product names, common names, trade names, product descriptions etc. even without a particular marking in this work is in no way to be construed to mean that such names may be regarded as unrestricted in respect of trademark and brand protection legislation and could thus be used by anyone.

Cover image: www.ingimage.com

Publisher:
CREDO EDICIONES
is a trademark of
International Book Market Service Ltd., member of OmniScriptum Publishing Group
17 Meldrum Street, Beau Bassin 71504, Mauritius

Printed at: see last page
ISBN: 978-613-2-74928-4

UN ESPIRITISTA DE ACUERDO A LA VOLUNTAD

DE

DIOS

OBRA JARDIN CELESTIAL

CAMILO ROA NIETO

FILOSOFIA ESPIRITUAL

SERVICIO A LA HUMANIDAD EN DEVOCIÓN

Y AMOR AL PADRE SUPREMO

IBAGUE-BOGOTA

COLOMBIA

PROLOGO

Esta obra es entregada a la humanidad, con el fin de permitirles, tomar de nuevo el camino a Dios a través del verdadero conocimiento espirita, él se fundamenta en las enseñanzas dictadas por el maestro Jesús desde la óptica de la doctrina espiritualista.

Buscaremos en el mostrar el conocimiento, de las leyes que dicta el mundo espiritual sobre el compartimiento del verdadero espiritista, el pensamiento del ser humano puede mostrarse diverso, al igual que una barca en medio de la más profunda tempestad, sin saber cuál es el norte de los seguidores de Dios, se turban extraviándose por los senderos errados de la vida corporal.

El comportamiento en la doctrina espirita es fundamental, en la búsqueda que sean buenos espíritus los que se acerquen a nuestro ser y eliminando de nosotros la perfidia razón de los comportamientos mundanos, del falso espiritismo.

El ser espirita que profesa la doctrina, debe ser equiparable a un perfume de alta calidad, que atrae con sus actos como fragancia espiritual a los mensajeros superiores, y contagia a sus hermanos de la bondad, todo lo bello y bueno que tienen los hijos de Dios en su magnificencia.

Este libro no debe ser tomado a la ligera, por el contrario debe ser estudiado palabra por palabra y frase por frase, buscando debelar la enseñanza sagrada que porta , su objeto no es el de ser palabras que se leen, el texto es para ser puesto en práctica diaria.

Para mostrarnos verdaderos seguidores del Padre y la doctrina espirita.

Se fundamenta en la ley dictada por Dios, a través de la suprema mediumnidad del maestro Jesús, que permite restaurar la verdadera esencia del espiritismo como ciencia, filosofía y moral, hermano lector lo invito a que sea respetada, estudiada, y ponga en práctica las enseñanzas que esta obra entrega para cada uno de los hijos de Dios, que quieren buscarle y amarle, bajo sus leyes.

Contenido

INTRODUCCION

Cómo ofrecerle algo a nuestro Padre Supremo ¿si todo lo que nos rodea es de, El? ¿Que podríamos los seres humanos, los encarnados darle algo que fuese para él?

La respuesta a estas dos preguntas parece evidente, para otros lectores pensaran en que no es tan claro lo que afirmo, pero todo se reduce a reconocer, realmente quienes somos, y que hacemos en este plano.

Al saber que la vida que se nos ha dado tiene una razón de ser, que los pasos que recorremos en este mundo, la profundidad de sus huellas, está dada por la voluntad de un padre que nos quiere de vuelta con el desarrollo de nuestra cruzada en el plano terrenal, como verdaderos hijos abnegados a su voluntad, la creación misma, el rotar de los astros, de nuestro plano terrenal, se dan por su voluntad, si una maquinaria tan perfecta en su sincronía, el reloj cósmico de la vida está dado por su voluntad, como unos seres tan pequeños y mucho menos complejos que el cosmos nos revelamos a sus mandatos, a su deseo.

Aún más reconociendo que dicha voluntad está dada para el beneficio, el progreso de los hijos de un padre amoroso que da lo mejor para nosotros.

Por otro lado, nos encontramos, que la mayoría de los seres humanos somos un poco indecisos en el desarrollo de una tarea, el iniciar algo nuevo para nosotros, nos llena de dudas, de preguntas, de incertidumbre, para algunos la búsqueda de Dios se convierte en una máxima para sus vidas, pero antes de buscarlo a Él, búscate a ti mismo para poder encontrar la senda que conduce a nuestro creador.

Tomar como ejemplo al maestro David o conocido por la historia como el rey David.

Vemos como este humilde pastor, posee un corazón que es conforme al deseo y a la voluntad de Dios, y nos muestra, aquello que lo podemos dar a nuestro Padre Supremo realmente procede de nuestros corazones, del desarrollo de nuestros actos y del cumplimiento de su voluntad, y no la nuestra, para que aquellos creyentes de la fe espirita no caigamos en el error, que cometido por los sacerdotes del templo, en el tiempo de Jesús de Nazaret y que él mismo le recalcó a ellos en aquella epoca.

Entender el compromiso que bajo la fe del espiritismo, se toma con respecto a la voluntad de Dios, y no en el capricho del ser humano, es la base fundamental y el éxito que como espíritus servidores de Dios tenemos, cuando nuestro verdadero fin es el progreso espiritual, el cumplimiento a cabalidad de nuestra cruzada y el desarrollo de la humanidad.

El libro consta de dos oraciones, una para iniciar la jornada de estudio y otra con el fin de finalizar el estudio diario, con el objeto de pedir comprensión y protección diaria de igual forma perdón, por los errores de pensamientos cometidos en la formación individual.

ENCONTRANDONOS CON NUESTRO PADRE.

Recordemos a uno, de los espíritus amados por Dios en la antigüedad, el pequeño David, humilde, contrito, llevado a nuestros tiempos un imposible gobernante de una nación, pero en el tiempo de antaño en Israel los profetas envidados por el creador ungían a los elegidos por El, y de entre todos los hombres de aquella nación solo un joven fue conforme a la voluntad, al deseo de Dios, se dice que David cuidaba su rebaño al son de la lira que entonaba en canticos hacia el omnipotente.

Seria esto lo que atrajo el espíritu de verdad, el espíritu de Dios hacia él, lo que lo hizo propicio, una vida de humildad y devoción para con los suyos, en su pequeña posición, dador de honra para el creador o fueron los diferentes actos, como un simple joven estuvo de acuerdo a la figura de hombre que Dios proyecto en él.

Podemos ver que lo que la historia antigua de Israel, cuenta sobre este rey, Dios lo uso al máximo para cumplir los propósitos que El tenia para con su pueblo, se puede hablar aquí de convertirnos en la herramienta adecuada, para el gran arquitecto de la creación, es donde vemos que la mediumnidad en nuestra fe, es la gran herramienta para los designios de nuestro creador.

Encontrar el camino para llegar a Dios le puede llevar una vida entera para muchas personas, no se sienten conformes, con la religión tradicional lo que entrega sobre la naturaleza de la creación, el desarrollo de la vida.

En muchas ocasiones hemos escuchado decir a diferentes líderes espirituales basados en el génesis que Dios nos creó a imagen y semejanza de Él, pero también encontramos que la palabra, el espíritu de Dios se repite innegablemente en el desarrollo de la Biblia en muchas ocasiones, es aquí donde se revela la primera parte de nuestra innegable naturaleza no corpórea más bien espiritual.

Siendo Dios un espíritu, nuestra naturaleza, seria ésta, la de un espíritu. El soplo de vida es lo que anima a la materia, desprovista de razón, desterrada de toda inteligencia y capacidad de acción, pidiéndonos Dios, en nuestro accionar, como un verbo hecho carne la manifestación divina de su hijo, al paso por el plano terrenal, necesitamos, y plenamente nos identifiquemos con su presencia como espíritu Omnipresente, como un actuar presente en nuestro conducta diaria, en nuestro diario devenir, saber que nuestra propia naturaleza de espíritu, está dada para la búsqueda de nuestro creador, para su manifestación en nuestras vidas, que se reflejen en la existencia de nuestros hermanos y en la ayuda para todos ellos.

Que nos vincula a esa naturaleza espiritual, estando encarnados, nuestro propia esencia, las facultades y de ahí toda forma de mediumnidad, porque es importante recalcar que nuestra actual realidad material tiene su semilla de conocimiento en el mundo espiritual, como se les ha dicho "aquel que deposita su fe en los hombres, será defraudado más aquel que la deposita en Dios será salvo".

El espíritu de Dios se manifiesta a la mediumnidad universal, por medio del espíritu de verdad, transmitiéndonos el conocimiento y la guía acertada, pues bien sea a través del mundo espiritual, que podamos encontrarnos con nuestro Padre Celestial o al menos el camino para llegar a Dios, pues se ha dicho ya en el pasado.... la palabra de Dios es viva y eficaz, y más cortante que toda espada de dos filos; penetra hasta partir el alma y el espíritu, las coyunturas, los huesos, discierne los pensamientos y las intenciones del corazón.

Podemos entender que aquellas frases, mensajes recibidos con toda pulcritud, por los médiums que se dan a los espíritus puros del señor y sus diferentes cortes, son entregadas como una comunicación de Dios para el beneficio de la humanidad, es por esto que se debe defender, procurar la preparación y la honestidad de aquellos médiums, su naturaleza de actuar y así podemos relacionarnos con las entidades que nos transmitan las leyes espirituales, sus consejos amplios, sin ningún tipo de codicia ni corrupción.

Bien sea pues para esta época y en estos tiempos, la mediumnidad el camino para comprender, evolucionar en Dios bajo su voluntad y no la nuestra, bajos sus mandatos y consejos y no bajo la de los hombres.

Oración al Momento de Iniciar los Estudios.

Pequeño y humilde delante de ti Padre Amado, ante el plano espiritual, me presento, con el deseo me concedas el entendimiento, en este estudio que voy a realizar, en este día, como servidor de tu ley, a mi ángel guía, al espíritu de la verdad, llamo estén a mi lado me trasmitan su luz, ver con claridad su amor reflejado en esta obra de educación espiritual.

A las guardias del bien de mi Padre, todo espíritu que pretendiese desviar mi intelecto, sea retirado, a mí se acerquen mis hermanos amados, pues mi deseo es encontrar el camino a Dios.

Con la bendición espiritual inicio mi educación.

Gracias Padre amado.

Nota: ¡Elevarse cada día al iniciar la jornada de estudio!

Como crecer en la espiritualidad y en el espiritismo.

Es muy triste para el mundo espiritual y para la naturaleza del alma cuando se es encarnado y no se da el crecimiento espiritual, o este no es normal, o en definitiva no se da, ante esta afirmación muchos se preguntaran si acaso no existe una fórmula mágica para el crecimiento espiritual, ¡acaso este es dado por naturaleza!, claro se pre supone que el solo hecho de la encarnación, de un espíritu debe estar acompañado por su mejora espiritual, pues esta es dada por la naturaleza del plano en el que nos encontramos y este es el fin de la nueva cruzada.

Por si no lo habéis notado en este mundo desde que se da el parto la nueva criatura sufre para venir al mundo, crece privado de la capacidad de manifestar un dolor puntual a los que los rodean, aun por encima del cuidado de la madre más abnegada de la libertad de movimiento es una pequeña etapa pero no deja de estar arraigada por alguna forma de sufrimiento, el propio amor esta fecundo de sufrimiento, si el ser amado no nos corresponde o si por el contrario nos ha correspondido pero su amor se disipa con el pasar del tiempo, como el día desaparece en la más oscura y fría noche de la vida, si el amor siendo la máxima expresión de felicidad en la vida, contiene un grado alto de sufrimiento, al igual sucede en la etapa de la vida culminante con la manera de desencarnar, por mínimo sufrimiento lo llevara el partir, dejando los seres que se han amado en esta cruzada, para retornar a los brazos de otros que nos aman.

Pero ¿por qué no se daría dicho crecimiento si es innato de este mundo? y de nuestro pasar por él, nuestro comportamiento, el desarrollo de la conciencia errado y mal encaminado con las pasiones naturales del hombre del común, que desconocen y violan constantemente la leyes espirituales, dan como desarrollo una inteligencia nueva para el espíritu, desprovista de aquellas que son favorables al mundo espiritual, por consiguiente agravan nuestra realidad en el plano espiritual.

La naturaleza del ser humano esta anonadada del sufrimiento, lo cual favorece para el desarrollo astral del espíritu, siendo el sufrimiento una de las formas excelsas de limpieza por consiguiente de beneficio para el espíritu, cargado de errores y culpas de cruzadas o para mayor entendimiento de otras vidas, pero en este punto vamos a centrarnos en el desarrollo de estos dos preceptos como una búsqueda consiente y deseada, y no por las fuerzas innatas de la creación del mundo en el que existimos en esta vida.

Pero el espiritismo es un camino basto, inmenso de gran riqueza y amor adornado por la fraternidad que el divino Maestro de Nazaret nos pidió, el camino a Dios se hace entonces a partir del corazón humano, con el sentir y el deseo de progresar pues si bien están las capacidades que algunos hermanos traen más desarrolladas, que los otros, la entrega, el servicio, el amor desinteresado, son catapultas que lanzarán el espíritu al basto conocimiento de la mediumnidad.

Ya que eres un estudioso de la vida espiritual de su ciencia y sus leyes recorre este camino con amor, abnegación, disciplina, bondad y con el deseó de servir desinteresadamente a la causa del Dios Padre, que es la misma de la creación y del hombre, las cruzadas nos brindan así, la oportunidad de mejorar de buscar la perfección de acercarse al cristo y a nuestro amado Creador.

Se pues como el pequeño pastor, humilde sediento de trabajo, abnegado por la cosas que atañen al espíritu, como lo fue David, tan merecedor al amor duradero de nuestro Creador, el espiritismo es un camino largo, como una inmensa escalera que va rumbo a las estrellas, te pide cosas sencillas, aun muy difíciles de conseguir cuando el corazón está lleno de tristezas, de rencor, de todo lo que el mundo te puede pagar, por eso es indispensable, te reconozcas habitante del cielo y no de la tierra pues todo aquí es vano y pasajero, mientras que en el reino de nuestro padre se conservan los títulos y merecimientos que cada uno obtiene al paso por sus diferentes cruzadas, hasta que al fin se mude la última capa de piel corrupta y quede, solo la naturaleza perfecta del espíritu, imagen y semejanza del Dios vivo.

Atender la práctica constante en la formación y desarrollo de las facultades, se hace un voto de continuidad que dará sus frutos de acuerdo al empeño, seriedad y respeto que impongas, en esta sagrada práctica fundamental para cada servidor de la ciencia oculta.

CONOCIMIENTO DE NOSOTROS MISMOS.

Que importante se hace el equilibrio de la vida, para los practicantes del desarrollo de facultades, para el progreso de la mediumnidad y para esto se hace necesario el conocimiento propio, antes de pretender adquirir los medios facultativos que le pueden traer un absorto conocimiento, si en el desarrollo de tu mediumnidad no te conoces y caes continuamente en aspectos negativos puedes ser preso de engaño de espíritus bajos que te desviaran del objeto real del espiritismo y del servicio a la humanidad, el auto control que se puede adquirir al conocer los límites de aspectos como nuestra tolerancia hacia ciertas circunstancias que pueden afectar tu paz interior, solo los grandes maestros tienen la capacidad de dominar los cambios abruptos de su ser hacia una paz, por eso yace en la capacidad de ser armonioso la cualidad de evadir los momentos y circunstancias que nos pueden afectar, el comportamiento de los médiums es muy medido por los espíritus superiores quienes manifiestan que situaciones tan sencillas como la falta de aseo y nuestra forma de expresarnos, les incomoda y hace difícil por no decir que improbable la comunicación de ellos con el mundo corporal y el circulo de desarrollo de la labor que estemos realizando, quien eres, te debes cuestionar este primer aspecto, sin cometer el error que los falsos doctos de la ley moderna piensan o creen, al adjudicarse un espíritu que al menos está en el camino adecuado de la evolución astral sino por un maestro de elevado rango espiritual, y que abordan la práctica espiritual con la vanidad y el orgullo que les produce el creer que ya han recorrido el camino y tienen potestad sobre el mundo espiritual, pues en verdad os digo que solo de lo que hayas hecho en la actual cruzada podrás reclamar con honor y respeto en el momento que vuelvas al mundo espiritual habiendo completado la misión de la actual cruzada por lo demás no es más que, ignorancia y prepotencia, reclamar trofeos de las metas que no has logrado, por ese motivo solo después de haber desencarnado un espíritu puede ser llamado maestro, mensajero o guía, pues es el mundo espiritual y no el corporal, es el que determina el éxito o el fracaso de una entidad en el trasegar de una cruzada y la forma en que nos debemos referir los encarnados a un hermano del mundo espiritual, se humilde en la práctica continua de aprender cada día, cuando te pones en la idea de sabio de un tema espiritual, por la naturaleza imperfecta de la carne que nos envuelve viene seguida de algún tipo de vanidad que dificulta el progreso espiritual que puedes tener.

Esta práctica del conocimiento propio, debe hacer que reconozcas las falencias, los defectos que debes empezar a corregir si logras el equilibrio de aceptar estos aspectos, podrás comenzar tu mejora y progreso espiritual al tratar continuamente de abandonarlos y recuerda que una de las metas principales de la encarnación, y como una ley inamovible, es el hecho de que vienes a buscar tu mejora moral e intelectual si no avanzas en estos aspectos tu cruzada es inerte.

El aprender a identificar tus cualidades y virtudes es un punto trascendental pues identificas los aspectos sólidos que te pueden favorecer en el desarrollo de tu facultad, no todos los seres humanos podemos partir de la unificación de un método único en el proceso del desarrollo mediumnico y es en este punto donde el guía corporal, debe estar dotado de la habilidad necesaria para identificar los aspectos que te pueden favorecer, el desarrollo de las facultades está dado por la naturaleza del espíritu en este caso el alma que porta el encarnado su procedencia espiritual su recorrido y la influencia astral son algunos de los aspectos que se deben investigar y que hacen parte del éxito en la formación del médium.

Esto es lo que se llama práctica astral del espiritismo, el buscar el conocimiento espiritual de los individuos y los beneficios que dan el actuar de acuerdo a la naturaleza real de cada uno de nuestros hermanos tanto encarnados como desencarnados, en las diferentes labores que se realizan dentro del circulo de oración o labor.

Bien sea pues la primera práctica y la más duradera de todas el aprender a conocerte a ti mismo, con el fin de adquirir el equilibrio y la armonía que favorece en todo aspecto la práctica del espiritismo.

La Fe del Espiritista

"Entonces el Señor dijo: Si tuvieseis fe como un grano de mostaza, diréis a este sicómoro: Desarráigate, y plántate en el mar; y os obedecerá".

Es absoluta, dispuesta a la razón del maestro quien trajo consigo la verdad del espíritu, una de las mayores cualidades de la mediumnidad es la disposición de lealtad, hacia las máximas del espiritismo como la FE.

Es una fe celestial destinada al bien, es saber y sentir que existe la vida del espíritu, que la creación corporal solo es un trozo pequeño del pedestal de la vida, es la capacidad de creer desde lo profundo de nuestro ser en la vida del espíritu en lo sagrado de la leyes de Dios y en el porvenir, que tendremos de acuerdo a nuestros actos.

La fe del espiritismo es bendecida con la presencia del espíritu dela verdad, constatable toda relación con el mundo espiritual, a través del fruto que esta relación da, en este aspecto el espiritista es privilegiado, pues cómo negar a aquello que es palpable a los ojos terrenos y a la mirada espiritual, los llamados prodigios o milagros, no son más que el resultado de la extensión mental que el hombre tiene en la fe, la capacidad de desarrollar tareas en las materias afligidas, son resultado de la unión mental con Dios y el mundo espiritual que tienen la capacidad de actuar en lo profundo del ser humano y el vínculo entre el alma y la materia.

La fe del espiritista permite ser razonada, es donde el materialismo encaja directamente con el idealismo y podemos someter la ciencia del espíritu a un criterio de verdad, le permite al hombre cuestionarse y dar respuestas a muchos de los interrogantes sagrados e insondables de otras doctrinas y religiones, "orad entonces, como si todo dependiese de la vida espiritual y labora como si todo dependiera de voz".

La fe da vida a la esperanza, es esa semilla de amor que espera en Dios, en la verdad del espíritu que consagra su vida a la caridad, a la vez busca saciar su sed de verdad.

La fe es un tema de corazón de espíritu, ese instinto que ha acompañado al hombre desde los albores de su creación, unas veces manifestada, otras en notable instinto a saber que existe una vida más allá de esta, que el creador es espíritu como los somos nosotros y que somos solo una pequeña parte de Él, nuestra fe demanda al espiritismo como el siguiente escalón de la evolución y el razonamiento humano, una fe que permite al hombre razonar el origen de la verdad, la existencia y la razón de su ser.

La fe del espiritista está por encima de los sufrimientos físicos y morales, permite conocer la razón de su actual situación en el plano corporal, busca con abnegación el progreso de su espíritu pues la vida no termina y el futuro depende de su desarrollo en la actual cruzada.

Brilla con luz propia en los corazones de aquellos que aman la verdad y la palabra de nuestro divino maestro Jesús, comparte y respeta sus enseñanzas, comprendiendo a través de los actos espirituales, una fuerza que permite al hombre desarrollar las tareas más dolorosas y difíciles, la voluntad de querer es la fuerza de aquello que se puede obtener.

¡Bendita FE!

Es una palabra sencilla que a mi forma de ver, puede ser la más hermosa, en la creación, son solo dos letras pero puede encerrar en su valor, todo lo que el hombre llegara a tener en esta vida, llena de pruebas y dificultades, donde el ser humano sufre, desde que encarna, hasta que retorna al mundo espiritual y tal vez más, es la palabra que puede llevar a la humanidad, a cada ser, a continuar, a sentir a su Padre Creador cerca, la humanidad sufre, incluso aquellos que aparentemente lo tienen todo, debajo de las capas que le resguarden en su interior sufre por alguna razón, como enfrentar la vida y sus atenuantes, como soportar, la muerte de nuestros Padres, de un hijo, la partida de una esposa, la caída de muchos de nuestros sueños, peor aún, una vida sin proyección, pero es aquí donde la vida del espíritu es tan importante, trascendental, encontrar la fortaleza, la esperanza en nuestra Fe, en nuestra doctrina, ella está viva y es un espíritu que si lo llamamos asiste a nosotros, pero este espíritu se nutre de nuestro sentir, recibe lo que hay en nuestra mente y corazón, así que la pregunta es ¿qué debemos entregarle?, piénsalo bien, recuerda a nuestro maestro en la cruz, al final se siente solo, y recito en su dialogo hacia Dios, Padre ¿por qué me has abandonado? Siendo humano estando en la carne el dolor de sus heridas y el peso de sentir el final cercano lo llevó a ese sentir de soledad, más luego retomo y confiando en su Padre, recalcó: Dios mío, en tus manos encomiendo mi espíritu, tal confianza, tal Fe, es eso, confianza hacia nuestro Padre y su creación, en ella dentro, nuestro amor, por eso considero la Fe como la palabra más importante y hermosa de la lengua humana.

La fe no es una simple declaración, tan poco una proyección mental, es un vínculo de vida con el mundo espiritual, saber ellos de nosotros, que tenemos confianza en su guía, y nosotros de ellos, que son nuestros hermanos, depositan su amor y esperanza en la cruzada que estamos llevando, a esa relación siempre le llamamos Fe.

ESTUDIO DEL CONOCIMIENTO ESPIRITA.

Que pensarán los maestros de antañas cruzadas cuando abordamos la práctica espirita sin conocer sus trabajos y el fruto de sus cruzadas, que opinará el maestro Allan kardec si hacemos parte de una comunidad espirita sin haber estudiado sus diferentes obras que reúnen la base y son la esencia del espiritismo, es evidente que cada una de las encarnaciones de estos maestros fueron dadas por Dios para el progreso de la humanidad, y deben ser parte de nuestros inicios en la búsqueda espiritual, conocer, analizar sus postulados el producto de la comunicación con el mundo espiritual, que ellos obtuvieron debido a su consagración y vocación que probablemente no tenemos a la mano nosotros, el espiritismo es una disciplina que se basa en el conocimiento en la ciencia oculta, en la filosofía como moral del hombre para su proyección y desarrollo, se hace ineludible el estudio del material que nos han dejado, y seria torpe y engorroso desarrollar fracturas o grupos de espiritas que no reconozcan más que la labor de un solo maestro, evadiendo la realidad de que espiritismo se proyectara en el mundo por la intervención de una serie sino por muchos que vendrán como obreros al trabajo que Dios ha depositado en esta doctrina para la humanidad es donde aparecen los sedientos e inconformes que terminan por claudicar de la fe espirita.

Transcendental cuando en un grupo espirita se pueden dar las comunicaciones y la guía espiritual correcta, que obligarían en el sentido lógico al aprovechamiento de las comunicaciones sin importar el orden de procedencia fuese parlante, mecánico (psicografiado) en videncia etc.

Construyendo una identidad de progreso dentro del grupo que favorezcan el interés de los estudiosos de la intervención y la realidad espiritual que se atañe dentro de los que se reúnen en el nombre de Dios y de la fe espirita, pues el

conocimiento que proviene del mundo espiritual está construido de acuerdo a la necesidad actual de la realidad que se desarrolla en el plano terrenal.

"Porque donde dos o tres se reúnen en mi nombre, allí estoy yo con ellos."

FORMACION DEL CONOCIMIENTO ESPIRITA.

La educación, la superación, el entendimiento son pues las causas mayores de la encarnación, Dios no quiere para sí hijos atrasados faltos de conocimiento con comportamientos alejados a la perfección, por tal motivo las diferentes encarnaciones que se llegan a tener son experiencias de aprendizaje de formación, que están dadas como objeto de mejora de perfeccionamiento y es aquí donde el practicante, el amante, de la doctrina espirita debe enfocar sus esfuerzos en la vida que lleva actualmente, que sean estos sus mayores objetivos y su existir este dedicado en amor al Padre Supremo con este norte definido, podremos guiar nuestras vidas enfocadas al bien, al amor y a la caridad, la fe se hace el bastión en un camino que está lleno de pruebas de dificultades pues así como están nuestros hermanos amados del plano espiritual que anhelan nuestro progreso, nuestro adelanto, también están aquellos que desean nuestra caída e interactúan buscando con sus influencias hacer que nuestro camino se dificulte se torne pesado hasta el punto que lleguemos a sucumbir.

En ocasiones he escuchado de la boca de muchos hermanos espiritas, cansados por la dificultad de la vida, por algunos momentos de dificultad en protestar el quejarse incluso el deseo de que la misión concluya lo más pronto posible, es una victoria para estos hermanos bajos que sea esta nuestra postura, realmente el éxito en esta vida no es de aquellos que nunca fracasan, por el contrario es para aquellos que caen las veces que sea necesario pero que al igual tienen la capacidad para levantarse sacudir su ropajes y continuar el sendero dado por Dios para esta cruzada.

Al final y solo al mirar atrás y ver, comprender todo lo pasado podremos entender que tan lejos o cerca nos encontramos del triunfo en la meta en la vida de nuestro Padre Supremo.

Educando la materia:

Tenemos claro como espiritas que nuestra materia, nuestro cuerpo no es más que el mecanismo corpóreo que se nos ha dado para el proceso que tenemos en este plano que es perecedero con el fin de dar cumplimiento al proceso que nuestro Padre Supremo destinó con el fin de formarnos.

Debemos educarle, dominarle y no llegar a convertirnos en una quimera de caprichos y de insatisfacción, sería difícil el dar un número exacto de las veces que he escuchado buenos espíritus encarnados, el quejarse de los caprichos que su materia tiene de la falta de compromiso con la labor encomendada, de las vanidades y orgullos, que no van más allá de la envoltura de la materia para ser claro, aquí se preguntaran muchos hermanos ¿Luego el espíritu no es la razón y la voluntad de la materia?

Aquí daré a conocer un concepto propio que he venido madurando con el pasar del tiempo, al que llamo inteligencia nueva y está asociado a cada cruzada, en cada una de ellas, se van dando comportamientos, adquiriendo conocimientos desarrollando habilidades, que se forjan en el entorno en la vida cotidiana que muchas veces, llevan o por lo menos dificultan, la manifestación del intelecto propio del espíritu, llega a ser embarnecido o encriptado en la propia materia, por el nuevo intelecto y que para poder permitirle al espíritu, al movilízante su manifestación plena, será solo a través de la práctica del bien, del dominio y la educación mental, ellas son prácticas del desarrollo de una metodología practica de las facultades.

Bien sea pues este el primero de los preceptos del estudiante de las facultades, de aquel que se arroja en la búsqueda del conocimiento de lo oculto y de su desarrollo facultativo.

Educa la materia

Educa tu materia abandona las pasiones propias de la cruzada, cultiva la firmeza del espíritu, entiende que la mayor riqueza y el medio por el cual te comunicaras con el mundo espiritual está en tu mente y su forma física el cerebro, de la cual hablaremos un poco más adelante, sabemos que los recursos del ser humano en cuanto a su mentalidad son incalculables y que realmente es poco lo que utilizamos de él, más bien lo apenas necesario para sobre vivir, esto nos lleva a las funciones básicas del ser humano, y siendo realistas nos separan por muy poco del comportamiento de los animales, la educación mental es la columna principal del gran edificio que se constituirá en nuestras facultades ya desarrolladas, el comprender que el mundo está conformado por fluidos, por energía y nuestro comportamiento permite el acercamiento y la interacción con esos fluidos, da la razón por que es necesario tener o llevar una vida lo más sana posible, pues nuestro ser equiparable a una espuma absorbe lo que nos rodea del plano corporal y espiritual, tornándonos muy pesado o equiparablemente livianos de forma sin igual, todo esto implica factibilidad con la comunicación espiritual, las vibraciones que emiten los buenos espíritus son recibidas por nuestro ser y ellas favorecen el desarrollo de las facultades, nos proveen como, herramientas del amor, de los mensajeros de Dios y permite de acuerdo a nuestra conciencia desarrollar o no las facultades, tan anheladas por el ser humano, pero prestos en atención a la educación y al dominio de nuestro ser y no por el contrario a dejarnos llevar por las pasiones del plano corporal.

Practica básica y prioritaria de educación mental para el desarrollo de facultades.

Elevando tu mente al creador y colocándola en interacción con el mundo espiritual y en oración para estar asistido de los buenos espíritus, es claro que ninguna labor se debe llevar acabo sin una solicitud expresa de protección y colocándose bajo el amparo y la asistencia de los buenos espíritus clamando nuestra labor no sea corrupta por ningún deseo ajeno a la buena voluntad y al servicio desinteresado.

Toma pues una mesa redonda y cúbrela con una tela blanca en su centro coloca un vaso transparente lleno en su totalidad de agua, preferiblemente en un cuarto con paredes blancas o en un ambiente abierto con la naturaleza, sentándote a una distancia de tres metros, con el pensamiento elevado a Dios enfoca tu mirada en el vaso y nada más que en el vaso por un tiempo exacto de 15 minutos sostén la mirada en este elemento, se presentaran condiciones corporales que te llevaran continuamente o dificultaran la concentración, como ojos llorosos incomodidad de la materia, sonidos etc. este es el objeto es educar la mente a concentrarse en un objetivo puntual y que dicha concentración no se rompa con los elementos comunes de nuestra naturaleza y del medio.

La práctica debe ser diaria siempre en una sola ocasión y el tiempo se incrementara por 5 minutos cada semana, cuando se alcanzara el objetivo que es permanecer la mayor cantidad de tiempo posible con la vista enfocada en el vaso sin parpadear, se han presentado situaciones en que al estar concentrados el vaso de agua desaparece, al igual que los demás elementos del contorno y me refiero que desaparecen a la vista concentrada del practicante y no de forma física, para que no surjan de esta afirmación pensamientos errados. Se da entonces que la mente del practicante se encuentra en relación con el mundo espiritual.

Abre tu corazón

Pues en él habita tu espíritu permítele que se manifieste en ti de verdad, no seas mezquino con la realidad que como espíritu tienes, busca en humildad amor y devoción en servicio a Dios.

Se ha dicho que aquel que siga las enseñanzas espirituales, no andará en tinieblas pues ellas son la luz de la verdad, la suprema guía, la verdad proviene del mundo espiritual, por eso aquel que sigue hombres tarde o temprano será decepcionado, más aquel que sigue al espíritu encontrara verdad y su camino será el de amor a Dios.

Apartarse con afán de las fantasías y las ideas vanas que menoscaban el espíritu y lo llevan a ser presa fácil de espíritus obsesores y vanos, ahondarían la crisis de la cruzada que se esté desarrollando, constatar la realidad de las facultades a través del trabajo meritorio, pues este es el camino más sencillo al dominio y buen desarrollo de ellas.

Hemos visto cómo las entidades prefieren la cercanía con aquellos hermanos humildes y leales a la causa del espíritu, antes que a los grandes conocedores de la vida espiritual pero con corazones materialistas o endurecidos, pero ¿en que afecta el estado del corazón, la voluntad a las entidades espirituales? Se manifiesta que al interactuar una entidad con una materia y esta puede transmitir un mensaje, en radiación o un tipo de fluido a una materia, ellos deben igualar la sintonía del medio receptor, por este motivo ellos prefieren los corazones apacibles llenos de humildad y con las características de un buen servidor de nuestro Padre Supremo.

El espiritismo es una doctrina de sensibilidad antes que una ciencia del conocimiento humano, la sensibilidad nos permite interactuar con el mundo espiritual, si no somos sensibles, será muy difícil que percibamos o recibamos algún tipo de ayuda espiritual algún tipo de comunicación, las diferentes facultades y todas sus facetas se basan en la sensibilidad espiritual tenemos como ejemplo el caso claro, cuando somos pequeños, cuando estamos en la etapa de niños, somos más sensibles al mundo espiritual por eso en muchas ocasiones encontramos facultades como la videncia, la clarividencia, el auditivo, en criaturas de corta edad, parte de la esencia de las facultades de aquellos medios innatos está en la sensibilidad de su corazón, corazón noble, corazón humilde que sea así a la materia libre de todo aquello que las entidades perciben como limitantes en la realización de la interacción espiritual.

La buena voluntad es una fuerza inquebrantable que acercan la luz del Padre, a sus hijos permitiéndoles a los seres encarnados tener muchos tipos de triunfos sobre la oscuridad se vuelve así el corazón noble, corazón abierto al mundo espiritual, un faro de luz en la noche más oscura y tormentosa que se pueda ver en él, sea usted hermano practicante medio y seguidor de la vida espiritual, humilde de corazón antes que un sabio, el conocimiento que usted puede llegar a adquirir como estudiante de la vida espiritual, no equipara la fuerza que puede traer un corazón noble del mundo espiritual, recuerde hermano que el mundo espiritual siempre ama a los humildes y a los hombres buenos, ese amor trae consagración del mundo espiritual, y su causa es la protección suprema, la luz, la guía y el entendimiento vendrá para aquellos que sean capaces de ser humildes a la vida del espíritu, "muéstrate propicio".

El corazón trae la cordura al pensamiento, un corazón sensible, reconoce la ley de Dios como una fuente que es innata y progenitora de vida, se respeta así el propio suelo, donde los seres se erigen, como granos minúsculos de arena provistos por la creación, para el desarrollo de la vida, a nuestro hermano como la compañía y medio de progreso, expresión de la nobleza que el espíritu debe buscar en cada cruzada, por la vida terrenal; las estrellas como el reflejo de la virtud y la gloria de Dios en su creación, desde lo más pequeño hasta lo más inmenso en la creación esta dado para la magnificencia y desarrollo del ser encarnado, reconociendo así el ser lo sagrado, nos obliga al respeto, al amor y a la caridad de vida, la misma que nos da el complemento justo y necesario en nuestras cruzada, de ello aprenderás a amar a Dios, a través de su creación, por infinitamente pequeño que fuera nuestro raciocinio, estos conceptos nos permiten comprender el lugar que ocupamos en la creación y así cada ser, cada objeto se vuelve sagrado, en la tierra de amor por nuestro Dios.

El corazón nos trae la mesura y los sentimientos que los hijos de Dios, portan como estandarte de la evolución señalada por nuestro Padre amado.

Educa tu pensamiento

La educación mental, es primordial, básica, y estructural, para aquel que se considere practicante de la filosofía espiritual, existen muchos tipos de mediumnidad, y la gran diferencia que podemos encontrar en ello, radica principalmente en este aspecto, sino somos capaces de controlar nuestro cuerpo, sus deseos, sus anhelos, los caprichos de la carne, no podremos ni tendremos la capacidad de gobernar nuestras facultades, es un proceso de educación, y se debe desarrollar, antes de cualquier tipo de práctica específica sobre una facultad.

Los métodos de concentración buscan luces sobre este tema, es claro que aquellos hombres buscan educar la mente y a través de ella el cuerpo, obteniendo dicho dominio será más fácil para el practicante el desarrollo y progreso de sus facultades.

En el mundo espiritual nuestros guías espirituales, están conscientes de las falencias que posee cada uno de los practicantes que lleva de su mano a la búsqueda del dominio de la facultad, es por ello hermanos míos, que les manifiesto la importancia, de saber que la preparación espiritual no sólo se desarrolla dentro del templo en la mesa de práctica. Muchas de las dificultades que afrontan los estudios sobre la vida espiritual, se desarrollan en su entorno social, en su entorno familiar, por eso es importante aprovechar cada instante del día para enfocarlo en la mejora de nuestro comportamiento, algunos actos pueden ser molestos para los buenos espíritus, y degeneran en la interacción con los obsesores, lo que genera un campo de bloqueo para las prácticas médiumnicas, el desarrollo de la facultad será una constante lucha entre la luz y la oscuridad, cada uno de los espíritus encarnados que desarrollan su mejora espiritual, son un fracaso para aquellos hermanos que anhelan la oscuridad y sólo recuerdan las deudas, el odio del pasado y quieren su perdición, como tributo en pago a las transgresiones recibidas.

Es por esto que muchos practicantes en el desarrollo de facultades afrontan casos de persecución espiritual muy fuertes, es donde inicia y toma relevancia el uso de la oración, las prácticas adecuadas y la guía tanto corporal como espiritual.

El ser humano, evocado para el espiritismo, proviene de su interior, el anhelo en la búsqueda del mundo espiritual, suelen ser apáticos de las cosas materiales, pasando incluso por ser personas alejadas, muy centradas en su individualidad.

Es claro, al llamarnos médiums, los practicantes astrales reconocemos la influencia astral espiritual como seres integrantes del universo, el conocimiento astral nos permite determinar no solamente algunos aspectos básicos de nuestra vida, al igual los métodos de práctica deberán de ser individuales, para cada ser, debido a que cada uno de nosotros provenimos de un punto astral diferente y ese lugar astral es la llave, la quimera, la gran fórmula, que nos puede llevar a una excelencia en las prácticas en el desarrollo de la facultad, estudiando así los métodos astrales, que más se acerquen a la necesidad del practicante, a su naturaleza, reconociendo igual la hora astral para cada uno, deberá ser correspondiente a su plano; a través de esta forma podemos encontrar aquellos rectores en sus planos, los mensajeros o guías espirituales vibran en igual sintonía a nuestro ser y pueden transmitir con mayor facilidad los recursos espirituales, requeridos en el desarrollo opuestos en práctica de una labor seria y dedicada al desarrollo de la facultad.

No es lo mismo desarrollar la práctica mediumnica, a una hora, donde rige un astro que no es el nativo, en una que se concentra y tiene mayor beneficio en las zonas naturales de nuestro espíritu, ejemplo: donde la luna se encuentra en lo alto del infinito que en las horas de Venus donde este astros Enriquece facultades del tipo curativo, el estudio de estos puntos, de estos aspectos, es lo que realmente convierte una obra, en astral.

Estudiar a cada hermano practicante, es responsabilidad del director corporal, buscando siempre la guía del mundo espiritual, es esta, una de las labores fundamentales de mayor importancia en la formación mediumnica.

La influencia astral debe extender y permitirle a cada ser el desarrollar, su facultad y la posibilidad de ser útil, una herramienta benéfica para el ser humano que pueda así convertirse en la mano fiable, la tierra coloca la semilla, la cubre le da vida y espera obtener el fruto de su trabajo, son así cada uno de los estudiantes del mundo espiritual, una semilla de la mano de aquellos que deben guiarles, la ventana de los recursos necesarios para que realmente puedan desarrollar su naturaleza espiritual, es este un aspecto trascendental y que genera mucho el fracaso entre los estudiosos de la vida espiritual, que toma las prácticas de una forma estándar unificada pretendiendo dar los mismos recursos al uno y al otro.

La educación mental, permite igualmente formar a la materia conservar sus recursos orgánicos, sin dilapidar en procesos errados y que obligan al consumo de grandes recursos de la materia, es el equivalente al pretender movilizar un vehículo con el freno de mano puesto, genera cansancio se produce debilidad, y esto puede llevar al médium a la apatía.

No hay ningún afán para las labores de práctica, los estados de presión generan en ellos circunstancias mentales que bloquea la influencia espiritual astral, produciéndose de esta forma un mayor grado de dificultad en la búsqueda de la formación espiritual.

El trabajo es una herramienta necesaria en la formación y desarrollo de la facultad. La materia y el organismo, del ser humano viene diseñado para recibir una programación. Así como somos capaces, de despertarlos en la mañana en una hora específica, debemos despertar nuestro sentido facultativo, en los momentos que sea necesario, y esto se logra a través del trabajo en el templo, si acostumbramos únicamente al practicante, a la búsqueda de los recursos medio únicos, en las horas de práctica será un practicante nada más, si enfocamos los recursos que ellos poseen en la clínica, en labores de transporte, en las diferentes labores diarias, programaremos sus recursos orgánicos las facultades medio únicas, para el servicio continuo facilitando de esta forma la interacción entre las entidades del mundo espiritual y nuestro organismo acrecentando o incrementando las posibilidades del desarrollo mediumnico, sumado a esto es claro, para el mundo espiritual los galardones se obtienen demostrando que somos realmente dignos y merecedores de tal triunfo, de tal laurel.

Como lo había mencionado anteriormente, la parte de las obsesiones la persecución espiritual por entidades que no desean el progreso de nuestros hermanos practicantes es uno de los aspectos critico en la formación mental, cuando un médium, posee firmeza de pensamiento, posee convicción espiritual, respeta los preceptos espirituales es infranqueable por los espíritus obsesores, en este en este punto es muy importante ser aplicados, disciplinados en la oración, ella permite que los niveles de concentración sean mayores, genera ambientes propicios para la llegada de los mensajeros del Padre, la oración genera ambientes incómodos para los espíritus bajos, malhechores y obsesores, bloqueando sus ataques a los practicantes y al grupo en general.

Domina con tranquilidad los caprichos de la materia, aprende a ver el mundo con los ojos del espíritu, pues es él, quien conoce de verdad la naturaleza de su cruzada el objeto de su encarnación, a través de este dominio, de esta educación mental, favorecemos a nuestro movilízante le damos la oportunidad de manifestarse con mucha más suavidad, con mucha más tranquilidad, mostrándonos propicios al mundo espiritual y su guía, será entonces el camino adecuado como médium.

Servicio desinteresado al prójimo

Parábola del buen samaritano

Bajaba un hombre de Jerusalén a Jericó, y cayó en manos de unos ladrones. Le quitaron la ropa, lo golpearon y se fueron, dejándolo medio muerto.

Viajaba por el mismo camino un sacerdote quien, al verlo, se desvió y siguió de largo. -Así también llegó a aquel lugar un levita, y al verlo, se desvió y siguió de largo. - Pero un samaritano que iba de viaje llegó a donde estaba el hombre y, viéndolo, se compadeció de él. - Se acercó, le curó las heridas con vino y aceite, y se las vendó. Luego lo montó sobre su propia cabalgadura, lo llevó a un alojamiento y lo cuidó. - Al día siguiente, sacó dos monedas de plata y se las dio al dueño del alojamiento. "Cuídemelo —le dijo—, y lo que gaste usted de más, se lo pagaré cuando yo vuelva." -¿Cuál de estos tres piensas que demostró ser el prójimo del que cayó en manos de los ladrones?

Es clara la enseñanza del mundo espiritual, el buen hermano es aquel que sirve a su prójimo sin ningún tipo de interés ni intención, más la de ser luz en la oscuridad de la vida, de los seres que requieren ayuda, en este aspecto el buen espirita, debe de estar atento para no faltar a tan sencilla pero infinita verdad, pues a los ojos de los hombres podemos parecer justos y equitativos con algunos actos, más ante la mirada espiritual la verdad de nuestra alma será revelada.

En la medida que brindemos el apoyo adecuado, al igual seremos merecedores de los actos benignos del mundo espiritual, en nuestro afán por ser servidores debemos dar lo justo por todos nuestros hermanos, reconociendo que de muchos de ellos obtendremos persecución, pues es difícil para el hombre del común reconocer que hayna hermanos dispuestos a brindar un cáliz de amor y verdad, en los preceptos de Dios sin intenciones corporales o materiales.

Habéis notado que los buenos actos," las buenas obras son dictadas por Dios, como tampoco existen faltas que no sean las determinadas por su ley".

El estudio de su ley, la comprensión de la verdad en el amor y la buena fe determinan el camino más claro al triunfo espiritual, este concepto debe ser tratado con toda tranquilidad y con la seriedad que exige tan noble causa, lo importante de este aspecto es ser cuidadosos de no caer en las nefastas fauces del fanatismo, volviéndonos inquisidores del amor espiritual y su plenitud.

En las jornadas de la mediumnidad, debemos ser prácticos y tener cuidado, con las leyes que rigen, nuestras prácticas espirituales desarrollándolas con verdad y buena voluntad, nuestra labor comprende que este arte y sus cualidades resulten una expresión de Dios por la humanidad.

Desde tiempos inmemoriales, aún ante la venida de nuestro maestro Nazareno, resulta sencillo en la actualidad comprender lo magnánimo y noble de su doctrina de naturaleza excelsa espiritual, alejada de cualquier sombra de egoísmo, reconoce la virtud de las facultades como un medio que busca en el hombre el reconocimiento de Dios, las facultades son recursos naturales del plano espiritual en manifestación dentro del mundo corporal, son entregadas al hombre, por sus triunfos morales, en virtud, no hay forma de dar nada material, para hacerse a ellos, pero si son un medio de evaluación continua no solo del médium de igual forma de aquel que es beneficiado del servicio de su hermano, es así como se complementa la ley de caridad para ambas partes, evaluando los pensamientos y corazones de aquellos que participan de la vida espiritual.

Siendo virtuoso y a acompañado por grandes espíritus los médiums más sencillos que solo velan en amor por sus hermanos, y en muchas ocasiones negada la ayuda para aquellos que se muestran apáticos hacía su hermano, o que creen en la obligación del médium en socorrerlos, todo en la creación viene en una justa medida equitativa.

Instrumentos de paz

En cada lugar que fuese el servidor espirita deberá ser un medio de paz, tranquilidad para aquellos que sus vidas son una constante tormenta en el desaforado ritmo de la vida, enseñar que el camino de perdón y bondad está dado por el Maestro Jesús en sus enseñanzas de amor, aun para los propios enemigos; de las heridas abiertas en el corazón por los actos de nuestros hermano, será preponderante recordar que la verdadera justicia no proviene de los hombres, sino de Dios, pues en la ley de la reencarnación, podemos entender que muchas de nuestras vivencias actuales, son un fruto de los actos del pasado, a un distante en el trasegar de las diferentes cruzadas, y que nos confiere la duda a los actuales comportamientos de muchos de nuestros hermanos, y nos retiran todo carácter de jueces en sus actos, pues aún desconocemos el origen de tales comportamientos, es muy probable que no se limite su origen a la actual cruzada.

Ser capaz de colocar amor donde se haya arraigado el odio, los medios para esta labor los brinda el mundo espiritual, a través del reconcilio, el solicitar el perdón de corazón, la compañía de nuestros amigos, guías espirituales, a través de la palabra guiada, por los mensajeros de Nuestro Padre Supremo, los actos que trasferimos como encarnados a nuestros hermanos en el plano corporal y espiritual, fuentes de comprensión ver con los ojos del espíritu antes que con los de la materia, nos permite reconocer nuestra calidad de emisores de amor sin posibilidad de recibir el odio y las bajas pasiones que conducen a extraviarnos en el abrazador fuego de la incomprensión y la amargura.

Instrumentos de Fe

"Al igual que una clara fuente de agua nuestra fe permite reflejarnos en cada uno de nuestros hermanos, como una luz que puede guiar al más perdido ser en el mundo espiritual y corporal".

La fe es una forma de encuentro entre los hombres y el mundo espiritual, podríamos llegar a considerarnos privilegiados en la fe del espiritismo pues ella nos muestra clara la oportunidad de interactuar con el mundo espiritual a través de nuestras capacidades, sin embargo nuestro amor se ve reflejado en la fe de una vida futura en el retorno al plano espiritual, la fe del espiritista debe ser depositada en Dios y en el mundo espiritual, sus comunicados y guías son la fuente de agua viva donde nuestro espíritu ha de beber en la actual cruzada, disipando cualquier duda y reiterándonos en la fe del espíritu.

Servidores del amor de Dios por sus hijos, somos herramientas de ese amor cada vez que disponemos de los recursos en la ayuda de nuestros hermanos, el comprender la palabras que se extienden sobre el reflejo de Dios en cada uno de nuestros hermanos, aquellos servicios que damos, el extender nuestro corazón a cada uno de los necesitados, permitirles encontrar el camino al Padre supremo es una forma clara de entregar nuestro amor a la humanidad y mostrar nuestro afecto a la creación del Padre supremo, recordad que el perdón se obtiene perdonando y dar es la forma adecuada al mundo espiritual para recibir.

Cuando nuestro servicio espiritual tiene un interés material económico, es un hecho que los espíritus del bien de mi Padre y su luz se alejen de ti, por qué este no es el objeto de Espiritismo, este no es el objeto del amor de Dios por sus hijos, así que al tener intereses materiales en el mundo espiritual, nos exponemos a ser presos de los espíritus bajos, cayendo en el error de obtener falsos resultados, que simplemente son esporádicos, pero no definitivos, como se mencionó en el libro blanco del espiritismo si tú cobras en lo terrenal, no puedes esperar la retribución espiritual al menos no en progreso, así que si es este es el objeto de tu mediumnidad el comercio, la vida material, ya sabes el camino que está recorriendo y quien te acompañara en su recorrido.

Disciplina de los preceptos espirituales

El espiritismo no es una religión positivista, es una moral edificante, "la ley moral, como expresión de la voluntad de Dios".

En muchas ocasiones hablamos de lo imposible de otorgarle algo a Dios ya que es el dueño de todo cuanto existe, pero en la esencia misma de la vida y en la razón de nuestro desarrollo se puede encontrar la respuesta a esta afirmación, siendo acaso vuestro Padre perfecto no anhela él lo mejor para sus hijos, y acaso la formación, el desarrollo mismo del ser no son un tributo del hombre, en respuesta al amor de Dios. Por eso como espiritas e hijos abnegados, nuestro deber está en el crecimiento espiritual, en el cumplimiento y desarrollo adecuado en nuestra actual cruzada, pero esto que se resume en estas cortas líneas no es tan sencillo y corto de hacer, como lograr ser digno del amor del Padre Supremo, yo diría que para esto es la disciplina en los preceptos espirituales, el medio que nos ayuda a edificarnos como seres benignos a la humanidad y al progreso espiritual propio y de muchos seres que se encuentran perdidos en la quimera de la vida corporal y sus afanes.

La disciplina espiritual permite al hombre desarrollar los aspectos de estudio y formación en conciencia, con la seriedad y dedicación que requiere la ciencia espirita.

La ley del Padre Supremo.

La Ley de Dios no es simplemente letra o palabra que el hombre percibe, a través de sus sentidos, es vida y obra, que debe provenir del corazón, en el obrar de la conciencia y reflejada de sus actos, el verdadero seguidor de la doctrina espirita reconoce la ley del Creador como el cimiento de su vida, es defensor y divulgador continuo de ella.

Un estudiante incesante de su verdad, de esta forma el ser encarnado podrá cumplir las máximas espirituales y estar en el camino del progreso, comprender que todo se resume en el cumplimiento de ella así es como "El cielo y la tierra no pasaran sin que todo sea cumplido hasta la última tilde", así la semilla de la verdad crecerá por los actos y no por simples palabras

Es una ley perfecta equiparable al intelecto de su creador, es de carácter inmutable en su esencia, es trasmitida al plano corporal a través de las diferentes cruzadas de cada mensajero que se ha enviado al plano terrenal a darnos una expresión de ellas, y encontrarmos en el Maestro Jesús, como su mayor mensajero.

La ley de Dios no solo rige el comportamiento espiritual como guía para la moral de los hombres en el plano terrenal, abarca los principios físicos de la creación misma, aspectos de tiempo y espacio, de la materia física como elemento de la vida, sus directrices regulan todo lo creado, en función de las diferentes expresiones de vida para el espíritu.

Una ley inmutable y eterna con el continuo devenir de los tiempos y su progreso es como el espíritu mismo, así como las cosas del espíritu crecen la leyes espirituales lo hacen de acuerdo a la escala evolutiva del plano terrenal y sus habitantes, a medida que dicha humanidad cambie en sus conductas morales la ley misma cambiara para ellos.

La ley de Dios, permite al espíritu crecer cada día, en realidad bajo su ley, el concepto involutivo no existe, debido a que por pesada que sea la prueba a la que se somete el espíritu, es dada para el progreso, su adelanto moral e intelectual.

El Padre Supremo, concede al espíritu la encarnación, con el fin sublime de su desarrollo y avance en la escuela de la vida, donde realmente demuestra en cada cruzada su condición de existencia y su estado, revelando en cada vida sus falencias y triunfos, siendo así una ley perfecta y equitativa para cada ser; librándonos de las falsas cadenas de la injusticia, permitiendo al ser la compensación de la existencia, de la vida misma y la armonía celestial que todo gobierna y todo alcanza.

Recordad bien que el sufrimiento y la miseria humana, son el fruto secuencial de la desobediencia a la ley de Dios o su desconocimiento en las sumatoria de las diferentes cruzadas de los espíritus.

La ley de Dios se cumple en el espiritismo, "Amar a Dios sobre todas las cosas y al prójimo como a sí mismo", añadiendo: "Esta es toda la ley y los Profetas".

Importancia el estudio de la ley divina.

Las leyes de la vida, son trasmitidas por la esfera superior, y parte del principio de la ley de causa y efecto, el saber que cada una de las cosas positivas o negativas que vives en el paraíso terrenal, es fruto de esta máxima espiritual.

Manifiesta el mundo espiritual que ante la mayor necesidad se dispone la mayor virtud espiritual, en busca de dar auxilio al más necesitado.

Precepto espiritual:

Las leyes espirituales han sido dictadas al hombre por grandes mediumnidades, desde tiempos inmemoriales, todo con el fin de darle al hombre una guía, los parámetros del bien, tomaremos como ejemplo los diez mandamientos, saliendo de la fantasía a la realidad espiritual, dichos mandamientos fueron dictados a Moisés por el Padre Supremo, más Moisés conociendo un pueblo hostil y arcaico diseñó las leyes mosaicas que eran corporales para evitar los desmanes y la brutalidad de aquellos tiempos, pero como nos enseña el maestro en su cruzada por el plano terrenal, la ley es como un hombre, a medida que este crece es más consciente de su realidad, y las leyes para el también progresan de acuerdo a su intelecto, de igual forma la ley del espíritu crece de acuerdo a como el plano terrenal evoluciona y sus habitantes lo hacen, por tal motivo los preceptos espirituales están dados al crecimiento del ser humano y son modificados de acuerdo a las conductas de cada tiempo.

Lo importante del desarrollo corporal es que este sea santificado bajo la ley espiritual.

La experiencia de la vida corporal permite al espíritu cruzada tras cruzada, adquirir el conocimiento y el perfeccionamiento de su ser, en su trayecto va siendo instruido por los diferentes maestros, mensajeros y guías espirituales que lo van moldeando formando a la voluntad del Padre Supremo, a medida que avanza hacia el perfeccionamiento comprende con mayor claridad los preceptos espirituales, las leyes de amor y verdad de Dios para la creación, para la humanidad.

He aquí que todo sufrimiento o prueba para la humanidad, para cada ser encarnado o no, es fruto de haber quebrantado las leyes de Dios.

Siendo el espiritismo la ley de Dios hecha doctrina ella permite en su mayor expresión conducir al hombre al camino del bien, e instruir a la humanidad en los preceptos de vida espiritual y de la ley de Dios, así el respecto por el creador, por la vida y todos nuestros hermanos, son una escala en el inmenso ascender humano hacia la verdad y la perfección.

Es así que la moral espiritista se resume en la moral integra y pura dada por el Maestro Jesús, en su inmenso amor genera el bien en búsqueda del desarrollo de la voluntad hacia la prosperidad humana, la moral espirita está constituida por actos de conciencia que se practican a cada instante esta máxima espiritual tiene como base el respeto emanado, por cada ser y cada elemento de la creación, los maestros y mensajeros en cada comunicación toman los preceptos espirituales y los transforman en palabra que a su vez buscan entendimiento, la inmensa sabiduría del Padre supremo busca desarrollar hijos que reconozcan la ley, comprendan el significado de la evolución, del progreso espiritual.

La ley del progreso moral del hombre, esta preconcebida al bien que el practique, y los recursos del bien y para el bien esta difundido por la vida del espíritu, en los diferentes planos incluido en el terrenal, siendo claro que no existe el bien o el mal, más que los comportamientos y el destino que le damos a los recursos de la vida.

El libre albedrío, es dado al espíritu, al hombre con el objeto de que pueda desarrollar su ser, es la máquina de desarrollo personal, pero esta máquina puede engendrar el bien o el mal, tal es la ley de la libertad que todo espíritu posee, pero para el buen espirita, reconocer que no se encuentra solo en la vida y que su libertad finaliza donde empieza la de cualquier ser de la tierra, sabiendo que la creación y el desarrollo del espíritu se realiza en el entorno social, natural, se requiere de las experiencias conjuntas con cada uno de nuestros hermanos, aprender de ellos y de los errores cometidos alimentan la ley de causa y efecto ,al igual que la ley de la deuda espiritual, su respectiva enmienda, así como el entendimiento del servicio, la fraternidad y el amor por nuestros hermanos, son aspectos de una ley divina y sagrada, la ley del progreso de la evolución.

Lo importante de este aspecto es que el espíritu se impregne de amor, tolerancia y reciba la bien aventurada lección del respecto a la ley de Dios, a través del amor a cada uno de los hermanos en la creación.

Existe acaso algún ser que en el trascurso de la historia humana, haya logrado encadenar el pensamiento de los hombres a nivel del ser, apenas nos encontramos finalizando milenios de esclavitud para el ser humano, aun en algunas regiones del mundo podemos ver la huella del dictador o esclavista moderno pero esa limitación solo se refiere al comportamiento, o a los actos en el desarrollo de la vida corporal, el pensamiento unido al espíritu jamás podrá llegar a ser encadenado, y esto es un garante en la búsqueda de la mejora y el progreso espiritual para cada poblador del universo.

Esto le permite al alma en su estado de desarrollo escoger el camino que más le incline a su deseo y voluntad, generando para el mismo su desarrollo vital, y los diferentes errores, fracasos y triunfos morales que lo lleven al perfeccionamiento del espíritu.

La visión que tiene el mundo espiritual de nosotros depende inevitablemente de nuestros actos, causamos alegría o tristeza entre aquellos espíritus hermanos nuestros, amigos o guías espirituales cuando nuestro desarrollo en la vida corporal y nuestros actos están alejados de la verdad del espiritismo, una verdad que se basa en el amor, la tolerancia, el perdón, preceptos de luz para la vida del ser humano en su ascenso en la escala evolutiva.

Crecer con responsabilidad a partir de nuestros actos, aprender de los errores en el diario vivir, sobre todo en los que trata de hermano a hermano, los odios, rencores y envidias bloquean la intervención directa de los buenos espíritus

Y facilitan la presencia de los obsesores, al mismo tiempo que degradan y evitan el desarrollo de las facultades.

En el punto donde el hombre sea capaz de regirse por la libertad de pensamiento, este sea sano y regido por las leyes espirituales habrá alcanzado el gobierno de su ser integro corporal y espiritual, a su vez la máxima libertad del ser, el perfeccionamiento del mismo habrá llegado a su cumbre y el lugar de su espíritu será lejano a los planos de expiación.

Quedando claro y como una de las máximas espirituales que la verdadera libertad, es el resultado de la comprensión, el respeto el entendimiento de la ley de Dios, la ley del mundo espiritual que al ser interiorizada, llevan al espíritu a su máxima expresión evolutiva.

Mandamientos en la Fe del Espíritu.

1. *Dios nuestro Padre creador y dador de todo cuanto existe, a él nuestro infinito amor y respeto, con todo nuestro ser y entendimiento.*

2. *Amados los unos con los otros como el divino Maestro los ama.*

3. *Amar y respetad toda la creación pues todo proviene del Padre, y es dado para nuestro progreso.*

4. *Conócete a ti mismo pues eres el medio de tu propia evolución, respeta tu espíritu consagra tu materia al servicio del amor de Dios.*

5. *Se debe practicar el bien, en bondad, sin ningún interés mundano o espiritual, solo así serás equitativo y justo a los ojos de la ley de Dios, pues lo harás por amor y un sentimiento de verdad.*

6. *Busca siempre la verdad, respétale y sigue sus designios pues ella proviene de Dios.*

7. *Educa tu materia, que sea tu espíritu quien la gobierne.*

8. *Procura la evolución de cada uno de los seres sensibles, aplica continuamente la ley de perdón, la caridad, la sumisión, enseñando el espiritismo en su máxima expresión.*

9. *Evita siempre las bajas pasiones, como el orgullo, la envidia, la vanidad, la pereza, el exceso, busca el bien y conságrate a Él.*

10. *Siempre respeta a cada espíritu de la creación, bríndales tu amor, nunca te sientas superior a ellos, pues esto solo lo hacen los extraviados del Creador.*

Progreso Moral.

El distinguir el bien del mal se obtiene de observar la ley de Dios. De tal forma que todo lo bueno procede de su cumplimiento y acojo, el mal no es más que la incapacidad del hombre por someterse a ella, oh poder darle cumplimiento, el mal no es más que la inexistencia del amor de los hombres por su creador.

El hombre entiende por moral, como una serie de reglas o consejos que dicta el buen comportamiento, para esta obra, la moral será la búsqueda del bien, el bien que permite al hombre comprender la naturaleza de su existencia y la causa suprema de la encarnación.

La búsqueda del bien más allá de un concepto de beneficio o de un temor represivo, el espirita construye su vida haciendo del bien, la huerta diaria de su trabajo y tornando el bien como propio íntimo de su ser y común en su naturaleza.

El cumplimiento de la ley de Dios instituye la moral de cristo en la vida del espiritista, siendo el la máxima expresión de respeto y amor fraternal por la humanidad, su vida es una cruzada exacta en la búsqueda del entendimiento y cumplimiento de la ley de Dios, que en su fragor expone la esencia misma de la moral espirita, la moral de cristo.

A medida que un espíritu se perfecciona su moral se incrementa, su conocimiento de la verdad y el amor se hace presente, la moral esta cimentada en el crecimiento y la búsqueda de la espiritualidad de cada ser, en la medida que el hombre busca a Dios, sus pensamientos y comportamientos se hacen más benignos, por eso el camino de Dios siempre esta armonizado para el desarrollo de la creación, una continua carrera evolutiva para los seres que pueblan el Universo.

La moral del espiritista no se puede someter a los superfluo del plano terrenal, se reconoce como un todo pasajero y se acepta de esta forma que todo procede como regalo de Dios, incluso que nuestra propia vida procede y ha de volver al mundo espiritual, desde este punto de raciocinio las diferentes pruebas de la vida se hacen más llanas y pasajeras para el ser encarnado.

El respeto a Dios y el creer en El, son muestra del entendimiento de su ley, el transgredirla no es más que la prueba del atraso en el que se halla un espíritu, el objetivo de la vida es el bien y Dios mismo es progenitor del bien, con el fin de crear, que esa generación de Él crezca con las cualidades propias de la virtud producto de la formación a través de la sucesión de las vidas.

Si los espíritus y los encarnados se sometieran y se ajustaran a la ley de Dios, se evitarían el sufrimiento de las pruebas de expiación que son fruto del libre albedrío pero esta utopía, solo es una idea pues la naturaleza de lo que es nuevo y desprovisto de experiencia sufrirá, la pena del error y se formará a través, de la propia experiencia un conocimiento bien apreciado y valioso para cada ser, asimilado en el amor de lo obtenido con sacrificio y entrega.

El mal para la creación, para el propio espíritu es pasajero, en la medida que cada espíritu crezca se perfeccione su conciencia y su actuar estará alejado del mal, hasta que este desfallece totalmente ante el ser consiente del amor de Dios, al final de su escala evolutiva.

Progreso Intelectual.

Todo cruzada realizada y todo trabajo en el mundo espiritual, da como fruto un conocimiento ese conocimiento se va sumando en cada cruzada y le permite al espíritu comprender mejor su objeto en la creación de Nuestro Padre, una inteligencia nueva para cada vida desarrollada, que va construyendo el conocimiento de la vida en cada espíritu y es una de las razones de la encarnación, para los espíritus. Es así como todos en alguna cruzada pudimos ser agricultores, zapateros, panaderos, comerciantes, y el conocimiento de ello forja un conocimiento total para nuestro verdadero ser, nuestro espíritu.

Es así como el espíritu se va situando en su esfera y al retornar al mundo espiritual desarrolla las tareas con el conocimiento conjunto que ha dado su existir, es cuando encontramos las diferentes funciones del mundo espiritual, cuerpos médicos, guías, guardia y protectores, consoladores etc.

Uno de los extremos solicitados por Dios y en el que se ha de esculpir la obra del hombre en la escala evolutiva, sin embargo este aspecto del espíritu se adquiere con mayor facilidad que el aspecto moral y es el preludio de este, y para ello podemos ver con claridad la realidad de nuestro plano terrenal, donde el desarrollo en el conocimiento a dado grandes saltos en los últimos 2 siglos, y que muestran a una humanidad con grandes conocimientos científicos y de inteligencia, pero que no es equitativa con los comportamientos morales hacia sus propios hermanos y la creación, por tal motivo podemos encontrar grandes espíritus llenos de conocimiento pero alejados del amor a Dios y a sus hermanos, por eso hay puntos del mundo donde la civilización esboza el conocimiento pero a un se encuentra en guerra, en conflicto con la moral y la interacción con el resto de la humanidad.

Los recursos que cada espíritu adquiere, deben ser enfocados al progreso de cada uno de sus hermanos, por eso se manifiesta que si tu oficio o profesión no genera ayuda a la humanidad en su desarrollo espiritual, es una profesión que es inerte.

Tal evolución para el espíritu se dará, el progreso es inevitable, y esos actos que definen al hombre también definen al espíritu, es aquí donde podemos comprender una de las leyes espirituales, que elevan al sumiso y humilde ante el déspota y dotado, el primero posee el sufrimiento si comprende y acepta su vida con la fe de la mejora, estará caminando el sendero de la sumisión, el segundo tiene la seria responsabilidad de disponer sus recursos en la ayuda a sus hermanos, pero esta prueba de vida resulta en la mayoría de las ocasiones en un nefasto fracaso para el espíritu al envanecerse y beber de la copa de la altives, no consigue más halla que un avasallador peso y suplicio al regreso al mundo espiritual.

Así que al conocer una de las máximas espirituales dadas por Dios en la escala evolutiva, el progreso intelectual, por encima del pensamiento de aquellos que creen que la formación no es necesaria para el espiritista, por el contrario resulta en una inefable realidad y obligación, para comprender la esencia de la ley de Dios se requiere del estudio de sus leyes, la comprensión de ellas y su cumplimiento.

Ley de la reencarnación

"Nadie podrá ver el reino de Dios si no nace de nuevo"

El alma humana.

Obra de nuestro Padre, el espíritu es la causa de todas las actividades de la materia, inmaterial e inmortal, sobre viene a la envoltura que es perecedera, de cada encarnación se desprende una inteligencia nueva, adquirida del proceso de las experiencias de nuestro espíritu, la verdadera conciencia de lo que somos y la sumatoria de ella, crece, el alma humana es solo un espíritu encarnado que posee su propia historia secular a su evolución, cumple en cada cruzada la misión de perfeccionarse, equiparable a un niño en la escuela corporal va obteniendo por etapas el conocimiento y la perfección que Dios espera de cada uno de sus hijos, en la bendita escuela del plano terrenal.

Dios no creo a los espíritus perfectos, los hizo evolutivos, capaces de formarse, de crecer y desarrollarse ésta ley, abarca cada ser que puebla el universo, y es la razón misma de la vida, el crecimiento para cada ser, todos los espíritus en desarrollo deben encarnar para tener la experiencia que da la vida corporal, tomar sus frutos y aprender de sus vivencias, la vida misma le mostrará su imperfección, en su anhelo por evolucionar re encarna de nuevo para enfrentar las pruebas que él requiera para ser mejor, más cercano a la perfección.

Hace parte del plan que Dios ha destinado para la creación, en su carácter divino busca lo mejor para sus hijos haciéndolos fruto de la experiencia de la vida, antes que por la caridad divina.

La pluralidad de las vidas, reafirma el concepto de la inmortalidad del alma, de esta forma se afirma y da la razón de tal circunstancia, ante la necesidad de renacer para construirse en los cimientos de la verdad, el amor y la caridad como expresión suprema de una voluntad superior , sagrada, antes que la de un cielo o un infierno eterno como consecuencia de una sola existencia, lo injusto de tal razón, sin lógica cuestiona su origen, fruto de un razonar supremo.... y plagado de toda injusticia, cual sería entonces el origen de los sufrimientos para el hombre, en una humanidad que se ha caracterizado por la desigualdad social, en cada una de sus etapas generacionales, que se le podría manifestar a una criatura nacida en la más ínfima pobreza y necesidad, ante la opulencia y derroche de los nacidos en cuna noble, tal vez sea ésta en la actualidad, la razón para que muchos se consideren ateos o alejados de cualquier concepción de un Dios Supremo, las enseñanzas teológicas clasistas de la edad media, han degenerado fruto del avance en la conciencia humana, su capacidad de razonar y analizar las circunstancias de la vida.

La interacción de los espíritus con los encarnados, puede ser parcial o total, pero es claro que somos los encarnados los que abrimos la puerta a su intervención, ella está ligada directamente a nuestro pensamiento y corazón, solo en casos de persecución los malos espíritus inducidos o por carácter de deuda, se acercan a aquellos encarnados de corazón noble, buscando causar en ellos la caída, pero los comportamientos y los pensamientos mundanos traen consigo la llegada de estos mismos espíritus, las acciones positivas y el altruismo invitan a los buenos espíritus a nuestro alrededor, por eso ante la persecución de los espíritus perdidos, la oración es la mejor arma que se puede tener.

Están de igual forma los espíritus amigos, en este grupo se hallan todos aquellos buenos o malos, que tienen algún interés en nosotros, pues hay quienes creen que solo los evolucionados pueden brindar protección, todo espíritu al igual que todo ser encarnado puede ser tocado a bondad y amor.

Siendo una inmensa familia a los ojos de nuestro creador no podemos estigmatizar los espíritus atrasados o cometer el orgullo, y la vanidad de los médium de baja valía que solo pretenden acercarse a la luz dejando de lado la edificante tarea de ayudar a los necesitados, rompiendo así la ley de la caridad y la sumisión, probablemente profundizando el atraso de sus espíritus, siendo narcisistas espirituales.

Ley de Igualdad.

"Para que seáis hijos de vuestro Padre que está en los cielos: que hace que su sol salga sobre malos y buenos, y llueve sobre justos e injustos".

Acaso nuestro Padre en las alturas en lo infinito de su sabiduría y de su justicia, crearía un espíritu por encima de los demás en capacidad y adelanto, cada uno se ha ganado su laurel en el trasegar del tiempo y así será en el devenir de la vida, las oportunidades dadas a cada uno por igual le permiten crecer a cada espíritu, desde las moradas más tristes y abandonadas hasta los planos de amor y perfección, son resultado de la oportunidad del creador; en el plano terrenal encontramos diferentes niveles evolutivos, en esto yace la diferencia, pero de ella es responsable el espíritu que busca con anhelo su progreso, o él que se pierde en el velo de la imperfección del plano, así el mundo espiritual toma la misma medida de los actos para cada ser y esto define al espíritu sus actos como encarnado.

Otro aspecto que debemos tocar, que no todos los espíritus tienen el mismo tiempo de haber sido creados, unos más antiguos que otros, llevando en ocasiones la delantera por el acto de existir con antelación, a sus hermanos, pero esto no garantiza su triunfo en el desarrollo, al igual que el aula de clase encontramos prodigios en adelanto con respecto a la edad, al igual hay quienes se han extraviado por largo tiempo y son superados, todo depende del éxito en la consciencia de superación, al igual que en las pruebas desarrolladas en cada encarnación, aquí toma partido la libertad de la voluntad, el libre albedrío el camino del bien y el mal.

El Padre Supremo, no permite privilegios a ningún ser encarnado, para cada uno de ellos se rige la misma ley de la vida, la misma ley de las causas, las mismas que determinan las pruebas de la vida, así que si existen personas en sufrimiento y con miseria en sus vidas, no son más que las cuentas por pagar a la mora de la vida.

Cada inteligencia nueva nos confiere capacidad, que es necesaria para el mundo espiritual en la ejecución de nuestro desarrollo y en la aplicación que se les puede dar, tanto en plano corporal como en el espiritual, pues en este ultimo la gestión de labores se incrementa para el espíritu de igual forma en búsqueda del servicio a la creación del Padre al mundo de los encarnados y al plano espiritual.

Los hijos de Dios, la inmensa familia del espíritu. Cada espíritu es creado libre, con la necesidad de formación, la experiencia se hace la mejor guía para ellos, y cada uno de los hijos de Dios cuenta en principio con las mismas características, al igual que con las mismas oportunidades y todo lo que es creado se entrega por igual.

El libre albedrío les confiere la oportunidad de vivir y crecer con cada encarnación, así las pruebas de cada etapa no son más que la asistencia a la escuela de la vida, cada penuria es fruto del plano en el que se encarna, viviendo incluso desde los mundos donde suplir las necesidades más básicas pueden resultar en toda una lucha, cada acto, cada prueba, dota al espíritu de sabiduría, cada inteligencia vivida y formada constituyen nuestro verdadero ser, y ello es fruto de la equidad, la justicia entregada por Dios y su creación celestial.

La justicia de Dios no es comparable con la de los hombres, ella está por encima de la inteligencia de todo ser en este plano, es así como nos cuesta comprender la naturaleza y razón de la circunstancias de muchos de nuestros hermanos en su sufrimiento, atrapados en penas funestas que suponen una vida llena de injusticia, pero ello solo surge a los ojos de los hombres, en la realidad del espíritu, son las pruebas necesarias para formar al espíritu el pagar las cuentas de los errores cometidos, contra Dios y su creación.

De esta forma Dios nunca y en ninguna instancia es injusto, su justicia es excelsa perfecta, la comprensión de ella enaltece al hombre, genera la virtud y sepulta la ignorancia, el rencor con la vida.

El buen espirita será siempre el vocero de esta verdad y hará que ella se extienda por el mundo como se ha extendido el germen de la vida, por la creación, arquitectos todos de la verdad en el espíritu subsana la ignorancia y repele la maldad en su máxima expresión.

De esta forma el profundo amor de nuestro Padre nos permite expiar nuestras falencias a través de la vida y librándonos de un castigo eterno como solo el egoísmo podría llegar a pensar una ley de temor antes que de amor.

He aquí que la bondad de Dios definida en la encarnación como expresión de la ley de amor e igualdad para todos sus hijos brindando a cada uno la justa medida en su crecimiento con la promesa de un futuro mejor, con la conciencia de la vida con los raudales del bienestar futuro para todos y cada uno de sus seres.

Ley de la riqueza, austeridad y pobreza.

"En verdad os digo que es más fácil que un camello pase por el ojo de una aguja, que el que un rico entre en el reino de Dios"

Es muy común escuchar la queja de muchos seres sobre la pobreza que le abate, inconformes e incluso celosos de aquellos que poseen mayores riquezas y comodidades, es una injusta circunstancia de la vida.

Pero entre las pruebas o el tipo de vida que escoge el espíritu, antes de encarnarse, está el tipo de vida que llevara cuáles serán sus recursos corporales, si será de escasos recursos o por el contrario será con las comodidades necesarias, pero desde cualquier ángulo las dos son pruebas que se deben superar, la actual la definen las aspiraciones que tenga en su desarrollo y la ejecutará en la cruzada que está por empezar.

¿Prueba, Acaso se es prueba el tener o llevar una vida ostentosa con todos los medios necesarios?

Claro que sí, pues todos los recursos que se le dan a un ser en su vida tienen una misión, un objeto de ser el destinar los medios para el bien, y caen en desgracia cuando son destinados para el mal, así la prueba para el espíritu están en la bondad, en la caridad, en la sensatez con la que lleve su vida, los tratos que tengan para los menos afortunados, el bien que practique con su riqueza, así el espíritu es probado por el destino y la forma como utilice, su poder terrenal y su prosperidad corporal.

En algunos casos la pobreza suele ser el fuego de amor que prueba las capacidades de resignación y de fe a los espíritus, al igual puede surgir, como resultado de una o varias cruzadas anteriores donde la riqueza y el mal uso que se le ha dado, le trasfieren a escoger o preferir entonces las privaciones materiales, de esta forma se le indica al espíritu el mejor camino de equilibrar la balanza a favor, es la privación en una actual cruzada, luchando entre las necesidades y la pobreza.

El hombre o mujer de escasos recursos debe luchar a diario por surgir, progresar corporalmente y abandonar su actual tribulación, de esta forma se deben proyectar a la búsqueda del trabajo, la educación, esto es completamente sano y es bienestar para el espíritu, cuando los actos de esta lucha son bajo la ley del Padre Supremo, para otros la búsqueda del progreso por medios facilistas los llevan al camino del error, al camino de la maldad, espíritus de baja condición los confunden y muestran el camino expedito, pero que solo lo llevara al sufrimiento corporal y espiritual.

Las pasiones del bien material pierden a los hombres en la ambición, el uso desmedido y la rienda suelta a su pasiones, los recursos destinados al despilfarro y a la placentera vida mundana, son causa cierta de la perdida y el fracaso de muchos espíritus en el desarrollo de sus cruzadas, donde la caridad la bondad y el amor a la creación suprema son las columnas del bien y el progreso espiritual.

Ley de la Justicia.

"Bienaventurados los que lloran, porque ellos serán consolados, bienaventurados los que tienen hambre y sed de justicia, porque ellos serán saciados, bienaventurados los que padecen persecuciones por la justicia, porque de ellos es el reino los cielos"

No existe sobre la creación un ser que esté por encima de la ley de Dios o que este eximido de ella, pues los actos como encarnado definen el futuro para nuestro espíritu, toda acción sobre la vida nos trae una consecuencia, labramos la tierra de nuestra vida con la herramienta del accionar, obtenemos como cosecha aquello que es justo y necesario, esto es ley de Dios.

La justicia de los hombres es imperfecta, al igual que su discernimiento, su actuar, deduce su verdad, las situaciones que pueden ser modificadas, son manipulables, por la maldad, y así la justicia se vuelve instrumento de sufrimiento para el hombre, ¿Dónde se puede encontrar la verdadera justicia?, esa que conoce lo profundo de la verdad, lo inmensurable de la vida, los actos cometidos por cada criatura, es claro el mundo material es imperfecto en el no , pero el plano espiritual conocedor del mas diminuto pliegue de nuestras vidas el mismo es justicia, es un acto de la justicia del Creador, la vida y su objeto, el crecimiento del ser, la búsqueda de la verdad.

Las pruebas de la vida son los mayores actos de justicia por Dios, para su creación, el por qué de los sufrimientos , entre los hombres la desigualdad social, los sufrimientos de la enfermedad, la miseria y la felicidad, el caos, la mayor de las injusticias terrenales, el mayor de los desequilibrios al razonar humano, no es más que el resultado de una suprema ley de una justicia perfecta, milimétrica en sus pruebas, pero con el mayor fin posible, regenerar y formar bajo el designio supremo a cada hijo de Dios.

Es difícil comprender, aceptar el sufrimiento, como medio de felicidad, el hombre, su corazón, su discernimiento, es medido a través de cada aspecto de tal forma que se construye un monumento a Dios, grano por grano siendo el hombre el material, la herramienta, y el espíritu el obrero, los maestros y guías los diseñadores, el Padre Supremo el arquitecto de nuestro ser.

El Divino Maestro y los diferentes mensajeros encarnados, enviados por Dios, a ser los grandes guías de la humanidad en cada época, enseñan la justicia del Padre, hablan sobre la razón del bien en el ser por encima del mal, de los galardones que se obtienen al comprender, acatar, desarrollar y enseñar la ley del creador, forjar cada cruzada entorno al respeto, cumplimiento, la obediencia a Dios y no al mundo, la enseñanza espirita, habla del paraíso espiritual, de las diferentes moradas para el espíritu en su ascenso evolutivo, al igual que advierte de lo penoso en el fracaso, los sufrimientos las causas del ser erráticos y la infertilidad de la vida, al permitirnos durante la cruzada ser gobernados por el materialismo y los intereses vanos terrenales,, que desgraciadamente son individualistas y están llenos de egoísmo incluso de mala intención que llevan a los seres a causar daño y sufrimiento a los hermanos que deberían ser objeto de su apoyo como lo dicta la ley del Padre.

El verdadero espiritista, aquel que se hace llamar servidor de Dios, es firme defensor de la ley divina, de los instrumentos, entregados por el Creador con el propósito riguroso en guiar y educar a la humanidad.

Se habla mucho de la ley divina de Dios y en muchos casos, no se comprende, ni siquiera la conocemos, olvidamos de dónde provino su naturaleza y razón, recordamos al Divino maestro en su cruzada de amor y enseñanza, su palabra es la ley entregada por Dios, a través de su hijo humanado el comprender su palabra es comprender la ley de Dios.

Ley de familia:

"No piensen que he venido a traer la paz sobre la tierra. No vine a traer la paz, sino la espada Porque he venido a enfrentar al hijo con su padre, a la

hija con su madre y a la nuera con su suegra; y así, el hombre tendrá como enemigos a los de su propia casa".

Una de las leyes más importantes, dictadas por el supremo legislador, quien nos enseña una de las máximas de la vida, la familia tiende a ser en la mayoría de los casos la fuente donde se lavan las impurezas de las cruzadas anteriores, con seres que hemos y nos han herido y a los cuales pudimos lastimar, donde el odio se debe transformar en el más fraternal amor.

Existen tres aspectos en la encarnación referentes a la familia y no necesariamente deben estar conjugados.

- *Son espíritus que conservan en su escala evolutiva un estado más o menos igual, sea en el aspecto moral o intelectual.*
- *Espíritus con una gran afinidad, los cuales se apoyan los unos con los otros en búsqueda del progreso espiritual (familia del espíritu).*
- *Son espíritus con los cuales tenemos deudas de un pasado y necesitamos expiarlas a través del amor.*

"El mayor objetivo de la familia en enseñar al espíritu el amarse como hermanos".

Dicho grupo está previsto en el plan que se trae dentro de la encarnación a desarrollar, así es que si tenemos una pareja y un grupo de espíritus que nos van a acompañar, harán parte de nuestra vida en el plano corporal.

Es así como el amor por nuestros padres, hijos, hermanos y compañeros, suelen ser una forma de expiación y perdón de culpas, faltas del pasado, con las vivencias y los lasos que se forjan en la vida, el odio de espíritu se transforma en amor en reconciliación, se muestran ínfima sabiduría del creador, sembrando semillas de amor y reconciliación en nuestra vida terrena, con un eco perpetuo en la vida del espíritu.

Y es por eso que al igual en ocasiones podemos ver como vence el odio y el rencor, dándose casos atroces entre familiares, abusos, abortos, asesinatos y los pecados que a los ojos de cualquier persona no se encuentran razones lógicas de su accionar entre familiares, razones que están ocultas a los ojos de ser encarnado pero que tienen su razón en el mundo espiritual y el devenir de las diferentes encarnaciones, fracasan así los espíritus en la búsqueda de la tolerancia y el perdón de las faltas.

De todo esto queda claro que la Sabiduría del creador nuestro Padre amado, que sabe lo que cada uno de sus hijos requiere para su progreso lo ofrece en la vida material, cada lazo, cada persona que se cruza en nuestras vidas tiene como fin, encaminarnos a la senda que perfecciona al espíritu, de tal manera que no existe relación mala, sino, necesaria en la experiencia que surge de la relación del espíritu con sus hermanos.

Por tales causas edificantes y creadoras es la familia escuela de amor, soporte de pruebas y expiaciones, que dan como fruto la formación del espíritu en cada cruzada. Su naturaleza es sagrada.

Es de ello que la obligación paterna y materna, son mandatos divinos, tal compromiso de brindar los recursos medios y disposición terrena para la encarnación de aquellos que vendrán a cumplir su cruzada como nuestros hijos.

Ante las leyes divinas se tendrá que responder por el comportamiento con ellos, esta nueva encarnación puede depender en gran parte del principio y de ese principio son responsables los padres.

Esa responsabilidad y amor brindado, son grandes triunfos que mostrar a nuestro retorno al mundo espiritual.

Llevad siempre vuestra familia llena de amor, entendimiento y comprensión pues es la cuna donde viejos amores y pruebas de sufrimiento encuentran su mayor expresión, brindando la oportunidad de ser mejores hijos de ese Padre amado.

Ley del Sustento

"Mi Padre trabaja siempre y yo también"

"Diríjanse más bien a las ovejas perdidas del pueblo de Israel. A lo largo del camino proclamen: ¡El Reino de los Cielos está ahora cerca! Sanen enfermos,

resuciten muertos, limpien leprosos y echen los demonios. Ustedes lo recibieron sin pagar, denlo sin cobrar"

Aquel que se haga llamar servidor de Dios bajo la fe del espiritismo debe saber, compartirá su vida, con la fe, esta última no es un medio de trabajo y menos de sustento, así el hombre trabajara, cumplirá con sus obligaciones y mostrara devoción a Dios destinando de su tiempo a la fe del espiritismo.

El trabajo santifica y enaltece al hombre.

No se debe tomar la vida del espíritu como forma de sustento, no podemos exigir retribución por nuestra labor mediumnica, los espíritus puros del Padre Supremo, no comparten dicho comportamiento, por lo cual si queremos contar con el apoyo supremo y de los buenos espíritus, debemos hacer la labor del buen servidor sin intereses materiales, en este aspecto es importante el apoyo de la comarca para que así las labores espirituales no se vuelvan un peso difícil de llevar, para los servidores del Padre, apoyándose la labor más complicada se puede volver una labor liviana de llevar.

Recuerda bien que la mediumnidad es el mayor tesoro al que un ser encarnado puede aspirar, pues es la barca instrumento en el que navega nuestro espíritu en el inmensurable mar de la evolución, debemos amarle y respetarle nunca contaminarla con los interés del mundo material, así los triunfos de la actual cruzada será la recompensa de nuestro espíritu al retornar al mundo espiritual.

Compartiendo el trabajo material con el espiritual, demuestra la devoción a nuestro supremo Padre, y al mundo espiritual que nos ve como los hijos abnegados en la tierra y nos dota de mayor capacidad mediumnica que es el anhelo continuo de los buenos espiritistas.

Los dones del espíritu proceden de él, es cierto que todo organismo humano está dotado para la mediumnidad, los triunfos espirituales, denotan el grado de mediumnidad que se tiene, y esto depende de la pureza del corazón y pensamiento, así es que un médium que está preocupado o realiza su labor pensando en el dinero no irá más alto de su propia frente y de dudosa reputación serán aquellos espíritus que se acerque a colaborar en la labor que este realice.

Una falta muy común en los tiempos modernos es ubicar lo superfluo como necesario, envanecer el corazón con las cosas materiales innecesarios, llevan a muchos espiritas a caer en el vulgo del comerciante de esquina, siendo su artículo las cosas de Dios y el espíritu.

Recordad bien que vuestro Padre oz a encarnado con el objeto de la mejora continua, y que las privaciones que muchas ocasiones se presenta son resultado de la administración errónea de las oportunidades, del mismo trabajo material, así que el deseo sano del surgir y crecer en la vida material, debe estar alejado del espiritismo pues este se entiende como un trabajo voluntario del hombre para sus hermanos y con Dios.

Bendice asi tu mediumnidad, esforzándote en el trabajo material y dedicándola en realidad a los preceptos del bien.

Domina de esta forma la condición del animal y expresa la naturaleza del espíritu que es suprema sobre las intereses del bien material.

LEY DEL PERDON

"Más yo os digo: Amad a vuestros enemigos, bendecid a los que os maldicen, haced bien a los que os aborrecen, y orad por los que os ultrajan y os persiguen".

Excelsa en su naturaleza la ley del perdón, nos confiere la oportunidad de mostrar el arrepentimiento, reconocer y asimilar las faltas cometidas, pero el arrepentimiento no es suficiente, se requiere la compensación del mal cometido, si solo se resumiera a un simple arrepentimiento por las graves daños cometidos, la ley de Dios estaría plagada de injusticia, el reconocimiento de las faltas es el principio para enmendarlos y para ello está la oración, pero el perdón debe provenir del corazón, no de un recital de palabras que distraen el espíritu de la verdadera esencia y es el amor, se pide perdón entregando amor al afectado con el objeto de que el sienta la fuerza de este acto, espiritual, siempre se debe aprovechar la oración dominical para ratificar el deseo de ayudar a aquellos que hemos ofendido, como un espíritu encarnado cometemos la falta y como tal debemos enmendarla, cuando nuestro ser, se llena de resentimiento y aleja toda posibilidad de reconciliación estamos condenados a sufragar las deudas en el futuro, encontrándonos con las víctimas de nuestros actos y reparándolos de la forma que la vida misma nos indique.

Al obtener el perdón, nos libramos del mal que se hubiese podido desprender de la falta cometida.

Se debe buscar el perdón y la reconciliación con los hermanos que nos rodean en la actual cruzada, pero en ocasiones resulta más complicado el perdón entre encarnados pues de este se puede encontrar la vanidad y el orgullo, cuando el que perdona pretende presumir ante los demás su magnificencia y la supuesta benevolencia, su corazón no perdona solo demuestra ostentación, creando así dolor, y ahondando las heridas con su hermano.

Dios permite continuamente el perdón, demuestra su amor para sus hijos generando la oportunidad de sufragar la deuda a través del desarrollo e interacción de la vida.

La más benigna de ellas es el perdón como hermanos, y la más cruda, la pruebas de sufrimiento.

Con los espíritus endurecidos por su naturaleza imperfecta y que no se encuentran en estado de aceptar el perdón, solo nos queda el camino magnánimo de la Oración, nunca jamás se podrá forzar un perdón, si ellos fuese posible esto no sería más que incrementar lo cruel de nuestros actos para con ellos, lastimaríamos y causaríamos un mayor odio, la ley de Dios conoce lo profundo de nuestro ser y esta suplica de perdón se relaciona directamente con el mundo espiritual, lleva a largo o corto plazo al espíritu endurecido a reconocer el perdón, como la forma nítida de encontrar el camino del progreso espiritual.

De los comportamientos de los espíritus endurecidos surge en la mayoría de casos los fenómenos de persecución obsesiva que son bastante comunes.

Es así como la ley del perdón puede librarnos del peso de la actual cruzada y del momento en que retornemos al mundo espiritual.

Los espíritus en su real conciencia en el plano espiritual, anhelan continuamente la oportunidad de encarnar para limpiarse, subsanando los comportamientos, pensamientos erróneos que les llevaran a cometer las faltas que denotan su naturaleza a un imperfecta pero dicho anhelo es muestra fiel de arrepentimiento y afectación de las faltas cometidas, la cruzada es decidida por el espíritu y busca subsanar el mal cometido, aprender de la vida, la bendita escuela de la vida.

Los mensajeros del Padre Supremo enseñan, los preceptos de amor, la fraternidad, el perdón, la humildad, como el camino a recorrer en búsqueda de la felicidad exhortada por el bien y la bondad del espíritu, sabiendo el camino a tomar es voluntad de cada quien asimilarlo y tomarlo en amor.

La ley de Dios muestra con claridad que el perdón es estrictamente necesario, justo y aplicado en la vida, como el manantial de amor del Padre por sus hijos, la oportunidad constante de crecer en la vida de la materia y del espíritu.

¡El perdón es la cura a la enfermedad del espíritu!, de ella la materia obtiene en muchas ocasiones el mal llamado milagro que solo es el resultado a la sanidad del espíritu como resultado la cura de enfermedades de la materia.

Recordad bien que haciendo la voluntad de Dios y no la de los hombres se llega al camino del bien, al camino del espiritismo.

Ley de la caridad

"Levantando los ojos, vio a los ricos que echaban sus ofrendas en el arca de las ofrendas, Vio también a una viuda muy pobre, que echaba allí dos monedas, Y dijo: En verdad os digo, que esta viuda pobre echó más que todos.

Porque todos aquéllos echaron para las ofrendas de Dios de lo que les sobra; más ésta, de su pobreza echó todo el sustento que tenía"

En la educación que debe tener cada espíritu en su proceso evolutivo debe luchar continuamente contra dos causas fundamentales que evitan este proceso, ellas son el orgullo y el egoísmo, para ello cada ser encarnado debe trabajar inagotablemente en la fuerza o cualidad que logro derrumbar estas causas funestas y tan comunes en nuestra sociedad, ella es la caridad, el espirita no debe ver la caridad con desdén, debe trabajar continuamente en ella, recordad bien que la caridad es la más clara expresión de amor por nuestros hermanos y consagración a Dios.

Es una cualidad que debe ser propia el ser humano no debe de cometer el error de solo repetir como quien toma un texto para aprender, la caridad debe ser expresada en nuestro ser continuamente y es importante que los seguidores de la obra Jardín Celestial comprendan esta ley divina de amor, pero recordad siempre que debemos empezar por no razonar y comprender nuestro mundo como lo hacen los hombres del común, debemos pensar como lo hace nuestro Padre en las alturas, y como un hombre puede llegar a tan alto grado de conciencia, debe partir por su sensibilidad hacia la creación y ser sensible a los deseos del creador, ser sensible en el espiritismo es un tema fundamental, para aquellos que buscan practicarlo y desarrollarlo en verdad.

La mejora de la relación con nuestros hermanos encarnados y desencarnados es una forma básica y donde podemos expresar la caridad, dentro de la caridad encontraremos la salvación de nuestra cruzada y el progreso para nuestro espíritu.

El mayor de los problemas que enfrenta el espíritu de la caridad en sus diversas manifestaciones entre los hombres, es el corazón de ellos, pues en general no está dotado de la sensibilidad, suma a ello el falso pensamiento que se tiene por caridad.

Es muy común encontrar a nuestros hermanos en las diversas pruebas de sufrimiento, y simplemente optan por expresar las frases del común como pobre, o Dios lo ayude, en realidad Dios nos puso en el plano terrenal para que fuéramos capaces de mostrar el amor a Él a través de la ayuda a nuestros hermanos.

Cuando el hombre aprenda a sentir el sufrimiento de sus hermanos, como propio y a apoyar ayudándolos con sabiduría, mostrara la caridad y el amor que muestra el divino maestro y da a cada ser de la creación, la humanidad estará más cerca a la evolución moral del plano.

Comprender así mis hermanos que el sentimiento es el que da, la valía a cada acto,

Algunos pueden notar que una limosna para alguien puede ser humillante para quien la recibe y un acto de arrogancia para quien la da, como si fuese una obligación, tal acto está desprovisto de toda caridad de toda sumisión, pero el mismo acto dado con amor y recibido con agradecimiento y alegría, manifiesta así la ley de la caridad que Dios promulga para sus hijos, dar aquello que es necesario y justo, no aquello que sobra que puede afectar los sentimientos del necesitado.

Tened hermanos míos temor de practicar la falsa caridad, pues todo aquello que es falso perece ante la mirada del mundo espiritual, a quien pretenderías engañar dando el sentimiento lastimero y errado de la caridad sobrante, de lo que en tu bolsa o en tu casa ya no tiene utilidad.

Recordar bien que cada expresión de vida en el mundo tiene su espíritu propio que sentirá entonces el espíritu de la caridad, cuando permitimos que los actos errados nos disfracen nuestro pensamiento de cumplir con la caridad y solo usurpamos su nombre con actos repletos de orgullo o vanidad, si este es el tipo de caridad que has practicado, preocupaos mucho pues no conocéis la espiritualidad de Dios con los hombres, lo que dieras a tus hermanos que sea originado en vuestro corazón y que aquello estuviese desprovisto de toda selectividad, alejado vuestro corazón del desinterés, de tus actos, la paz de la conciencia y la libertad del corazón, son el valor y naturaleza de un servidor de Dios.

Sin la caridad corporal y espiritual no existe perdón de las faltas y mucho menos evolución para los espíritus, sin la caridad no existe el progreso espiritual.

Seguid con amor las enseñanzas impartidas, pues la caridad te llevara por el sendero de la verdad y te aloja en la casa de nuestro Padre Supremo.

Ley de Amor.

"En esto conocerán todos que sois mis discípulos, si tuvierais amor los unos con los otros"

Dios muestra su creación, como regalo de amor, para sus hijos, la promesa de la vida continua, a la búsqueda de la mayor sabiduría posible para cada ser, pero dicha sabiduría que se busca en la creación no es reflejo, se constituye en el amor.

El amor una palabra de cuatro letras, pero que en realidad es la llave que el hombre encadenado en el mundo corporal, busca con afán de igual forma el espíritu, acaso no busca la libertad para sí mismo de la prisión de la ignorancia y de las faltas cometidas.

El amor en su máxima expresión, es la ley de Dios, el amor es la cuna de la felicidad, ilumina al ser que lo posee y lo comprende es la doctrina que Dios imparte para el progreso de su creación.

El amor vence al odio, libera al espíritu a través del perdón y la misericordia, el amor es bendito como fuente de redención, alivia las penas del espíritu retira las cargas del ser.

El amor trae consigo la paz, pues donde reina el amor las penurias del mal no tienen lugar, la mirada de Dios se extiende con amor, por ello el amor es la máxima espiritual para el servidor de Dios, como espiritistas se defiende el amor como doctrina.

El ser es función mediumnica es mucho menos denso más exequible para el mundo espiritual cuando cumple el precepto de amor, se debe sentir amor por aquellos que va a asistir, comprender con amor, ver siempre en amor cualquier situación que se llegase a presentar puesto que recordar que hay que aprender a ver el mundo como nuestro Padre Supremo lo ve, recordad bien que los mayores sufrimientos se presentan en ausencia del amor.

el amor profesado en la vida del espíritu no parte solo del sentir, es un amor razonado por cada uno de nuestros hermanos, y es allí donde muchos pierden el camino, es el mismo tipo de amor dado por el mundo espiritual para la humanidad, lo explicare de la siguiente forma y en base a la persona del divino maestro, él siempre fue amor para cada uno de aquellos que se le acercaban y le dio a cada uno de ellos lo que era necesario, pero algo que es claro y bien conocido es la forma como el vio, trato de corregir públicamente a los fariseos y doctos de la ley que estaban perdidos en el error, pero la forma de Jesús incluso en los momentos de mayor enojo, fue eso una forma de amor, de querer despertar al ser humano de sacarlo del error de corregirlo y mostrarle el camino a Dios, es esta la forma adecuada de amor, porque no faltara entre los encarnados quien tome la palabra amor, como algo carnal, algo vano, un desfogue de sentimientos pasionales que nada tienen que ver con el amor del espíritu.

Comprender a Dios cada día en nuestras vidas, su presencia diaria, en la sonrisa del hijo amado, en el dulce sabor de los alimentos, lo complaciente del agua en nuestros cuerpos, lo cálido del sol en nuestro cuerpo y lo benigno de las pruebas en el desarrollo de la vida diaria, es esa fuente de todo lo bello y bueno en la creación, el amor de Dios nos permite crecer, así Dios pide a los hombres a través de su amor.

Así es que para amar a Dios debemos abrir nuestro corazón a diario para toda la creación, y tener un razonamiento de qué es Dios en nuestras vidas y que nos pide El.

Para el buen espirita hay una marca, invisible, sagrada, y que lleva al ser, a estar más cerca del mundo espiritual, es la ley del Divino Maestro reflejada en el amor que se profesa, comprender en los tiempos modernos el amor en toda su magnificencia.

El mayor amor en la vida es disponer de tu huella para la humanidad, es convicción pura; como los manantiales deben correr solos y por naturaleza limpia, incorruptible bajo el cumplimiento de la ley de Dios, así la disposición del pensamiento elevado supremo razonar ante la creación con la comprensión del amor y su ley.

Hacer la voluntad de un Padre Supremo en las alturas, nutre al buen espirita, lo fortalece y aquello que muchos anhelan crecen en facultad y entendimiento, comprensión del amor, las doctrinas con el tiempo pierden su esencia de vida, porque se vuelven sistemas repetitivos carentes de la vida que brinda el amor.

El amor del buen espirita, retira la maldad de cualquier acto o comportamiento de cada uno de nuestros hermanos, de tal forma que la ofensa y los comportamientos de los demás no afectan nuestro ser, por el contrario nos permite abrir el camino de redención por nuestras faltas y errores cometidos, libertando nuestros seres de toda maldad.

El amor debe ser manifiesto, no puede quedarse en un acto promisorio, debe ser constante y diario natural de tu ser, para que el mundo pueda comprender que dentro de ti está el amor de Dios, porque, eres espirita y comprender el espiritismo como una fuente inagotable de amor, el cumplimiento de esta ley acerca a cualquier ser, al camino de evolución que nuestro Padre

Anhela, el amor es una forma excelsa para dar cumplimiento con la ley de Dios y con el espiritismo, comprender que el amor del espiritismo, es extenso y pone en constante prueba a los que lo practican, pues está sujeta al constate esfuerzo y sacrificio.

Ley de la Materia.

"Un día Dios os pedirá cuentas por el regalo que os ha dado"

La materia ese preciado recurso brindado en cada cruzada, lleva impresa en si los errores y triunfos del pasado, un deber que poco es conocido, es el cuidado de los recursos que le componen, cada cruzada del espíritu tiene un tiempo de vida, y que la materia llegue a ese tiempo es obligación de cada espíritu, aquellos, un fallo orgánico que lleve a un espíritu a partir haciendo inhabitable, su materia, es tomado por la ley espiritual como un suicidio inconsciente, llevando al espíritu a sufrir la pena de un fracaso funesto, el alcohol, el tabaco, el sexo, la comida en excesos todo aquello que degrade al ser, debe ser tenido con mesura, proveer así los medios de conservación y cuidados para nuestro vehículo pasajero, asegura una mayor oportunidad de tener éxito en nuestra actual vida.

Instinto de conservación, nuestra naturaleza orgánica y la memoria genética que posee el ser humano, la mayoría de seres sensibles de la creación, los llevan a tener un instinto de conservación, la capacidad de alejarnos de aquello que es peligroso para su integridad.

Como la raza dominante del plano, nos envanecemos de nuestra inteligencia superior, sin embargo nuestra materia definida superior por nuestra inteligencia, encuentra placeres y tiende a caer en la supresora agonía del exceso, en las amargas cadenas del vicio, medios destructivos de nuestro organismo, allí es donde ingresa la conciencia del ser para dominar la materia, saber lo necesario para nosotros es justicia para nuestro espíritu, así la expresión de vida y su expectativa depende del cuidado que se le brinde a la materia, adicional a ello debemos tener claro que el vínculo del ser entre espíritu y materia, hace necesario el instrumento de pronunciación y el proceso de formación, desarrollo de las potencias espirituales toma un sentido de mayor importancia contar con los recursos orgánicos, más cerebrales en este aspecto de comunicación con el mundo espiritual, así nuestro cuerpo en una condición sana permite una mayor expresión de nuestro verdadero ser, de nuestro espíritu.

El proceso de ir depurando las penas del alma, la materia se fortalece, siendo de igual forma el camino más corto a la recuperación de muchas de nuestras aflicciones orgánicas de origen espiritual, el equilibrio de las razones espirituales y corporales llevan a una mayor expresión del ser en todo su sentido.

Es así como comprender aquello que es necesario y no vano o superfluo se convierte en una ley de vida para el hombre, el reconocer cuales son las verdaderas necesidades para la materia y rechazar aquello que no lo es, un arte bien visto a los ojos del mundo espiritual, demuestran cualidades de raciocinio espiritual, el respeto por aquello que nos es dado en función de nuestro progreso espiritual.

Los excesos llevan a que la materia gobierne sobre su espíritu, abre la puerta a que los obsesores puedan entrar con más facilidad, generando un incremento del deseo en las bajas pasiones, dificultando o extraviando el desarrollo de nuestras cruzadas, muchos de los hermanos desencarnados errantes por el plano terrenal, buscan la manera de saciar los deseos que aún poseen, la forma de hacerlo es acercándose a materias que tienen costumbres similares y ahondan la necesidad de éstos, para que en el proceso de saciar estos deseos, ellos puedan absorber la energía en estos actos y dar desarrollo a su propio vicio, llevando a un deterioro mayor para la materia y al incremento de sus pasiones, convirtiéndose en un burdel la materia por los obsesores, trayendo consigo los problemas que estos comportamientos generan en la vida de cualquier encarnado.

La búsqueda del equilibrio para nuestra materia es una tarea que se debe desarrollar con amor y conciencia, reconociendo que para muchos estas necesidades mundanas, pueden ser la prueba a superar en la actual cruzada, y sabiendo que es equivoco este camino el espirita debe luchar porque lo espiritual, gobierne sobre la materia, permitiendo la expresión de los bueno y valiosos comportamientos que nutren al espíritu en su camino por el plano terrenal.

Las comodidades de la vida corporal son exactas, no requiere el orgullo la vanidad de los lujos y los excesos, siendo bien visto favorecidos aquellos que practican las privaciones, con el objeto de compartir para con sus hermanos aquello que tienen a manos llenas, pudiendo destinarlo para su propio placer prefieren compartirlo, con sus hermanos menos afortunados, tratando de equilibrar la balanza de la injusticia social, permiten así la asistencia a sus vidas de los buenos espíritus y mensajeros de nuestro Creador.

Ley de humildad

"Bienaventurados los pobres de espíritu, pues de ellos es el reino de los cielos."

"Los humildes heredarán el reino de los cielos."

"Bienaventurados los humildes"

Es la mayor muestra de sabiduría que un ser puede llegar a tener, es una característica innata de los verdaderos hijos de Dios, para ellos la verdad y la vida se resume, a comprender cada aspecto en la cruzada que el hombre experimenta, así la comprensión de sus hermanos trae la tolerancia para con sus vidas y para ellos el desapego a las pasiones y lujos del mundo corpóreo llevando siempre la convicción del hermano amoroso.

Hay quienes confunden la humildad, o buscan en ella una forma de ser reconocidos, como una forma de seres sufridos y despertar con ella la lastima, o el pesar transformándose así la virtud en enfermedad mental.

Ahora debemos comprender que ser pobre de espíritu, no significa que somos inferiores, que nuestras faltas, errores nos colocan en una posición enajenada para Dios, un ser inferior a todos los demás, el ser pobre de espíritu es vivir una vida de humildad fuera del desapego material y los comportamientos propios del materialismo.

Otros tienden a confundir la pobreza o escasez de recursos, con la humildad espiritual, en verdad os digo que he conocido muchos pobres con rasgos inmensos de prepotencia y grandes ricos con la humildad propia del espíritu, así que no es la humildad una característica social, es una palabra que se ha utilizado mal, si queremos mostrar una cualidad del ser humano, debemos recordar que los seres que son humildes tienen por dote en su corazón la serenidad y comprensión de la vida, su interés va más allá de la vida mundana y reconocen el error de los hermanos que tienen por dote la vanidad, lo ven como eso, solo un error muy natural del plano en el que actualmente llevan su cruzada y como respuesta a ello solo tiene una sonrisa de paz.

Las reacciones y comportamientos de los seres encarnados, son un reflejo de su ser interior, los comportamientos mundanos, vanos son a los ojos del mundo espiritual muestras del materialismo y desapego de los hombres por Dios, inundan así de tristeza los seres esperanzados en el desarrollo de los encarnados, ellos persiguen con insistencia estando marcados por el egoísmo, en sus diferentes etapas de la vida corporal, es así como la humildad, abraza al calor de un espíritu nutrido de vida, de verdad, y conocimiento, se torna entonces en sabiduría; Cuando un hombre discute y lucha con otro por los bienes materiales, cuando alguien, se envanece y pretende con ello mostrarse superior o más capaz que otros, solo denota la ignorancia de su ser, en los preceptos de vida y verdad de nuestro Padre Supremo, podemos decir que estas personas son mundanas y rayan en los extraño encontrarlos en las comunidades espirituales, pero como dice el adagio popular que los hay, los hay.

Siendo así la humildad, progenitora de la nobleza y la sabiduría, comprender que los esfuerzos para alcanzarla son benéficos para tu espíritu, en todos los aspectos, es así como encontramos, casos de practicantes mediumnicos, que han dedicado su vida entera a la búsqueda de una luz, pero ella le ha sido esquiva en su facultad, se extingue en sus corazones vanidosos, prepotentes y alejados de toda humildad, es allí donde aparece la verdad, necesidad de sacrificio y mejora moral como la llave que permita la apertura a un espíritu en su progreso.

El respeto y el amor propio dentro de la humildad, porque después de lo que he dicho no faltará aquel que se denigre así mismo, la humildad hace parte del concepto de pensar más de los demás sin pensar menos de sí mismo, cada espíritu encarnado en la condición que se encuentre, en la circunstancia que se encuentre es valioso para el mundo espiritual, tiene una oportunidad de cruzada, de vida y esa vida tiene un objeto, una misión, por tal motivo todos los seres encarnados son misioneros, la pregunta es ¿qué tipo de misionero es cada uno?, después de leer este libro usted podrá darse cuenta y entender que es lo que usted ha sido y mejor aún usted, qué puede llegar a hacer, recuerde bien que la humildad es la columna del perdón y la misericordia.

Un día a la vez.

"Buscad primero el reino de Dios y su justicia y todas las cosas os serán dadas por añadidura, no os acongojéis por el mañana, ya que el mañana traerá su propia fatiga, lo que suceda cotidianamente sea suficiente para cada día".

Apreciado lector, si usted ha estudiado con disciplina esta obra le quedara muy sencillo comprender la raíz y el objeto de esta máxima espiritual.

El cumplimiento de la ley de Dios, le permite al ser humano disponer de la vida corporal de una forma más sencilla, llena de amor, la ley de Dios se hizo para ser aplicada por los individuos que poblamos el paraíso terrenal, ella libera, extiende al ser y lo lleva a comprender con mayor humildad la vida, la razón de su existir, retira el yugo de la muerte, la calamidad del cielo y el infierno, le da la opción al ser humano de tener la posibilidad de recomenzar, a través de la sucesión de vidas, incluso en la actual instancia no para cambiar la historia de los actos vividos los errores cometidos, pero si para cambiar el rumbo de nuestro ser, darle un nuevo final a este paso por la vida terrena y cosechar los logros en la vida del espíritu.

Buscando el mundo espiritual y dándole cumplimiento a sus leyes nos mostramos propicios, a los buenos espíritus, puertas clausuradas para los malhechores y obsesores, la vida se torna en una conciencia real de toda su dimensión aprendemos a ser instrumentos de paz de amor, lo sagrado del perdón, lo inmensamente edificante en la caridad, la sumisión como muestra divina de la sabiduría espiritual, así y solo así comprenderemos, que podemos llegar a vivir un día a la vez, con las cargas de toda la vida en un instante, las fuerzas que gastamos tratando de dar solución a problemas pasajeros se disipa en la razón de que bajo las leyes de Dios y su cumplimiento todo en la creación, se vuelve pasajero.

Los sufrimientos corporales son fruto de la imperfección del plano y nuestra conciencia espiritual.

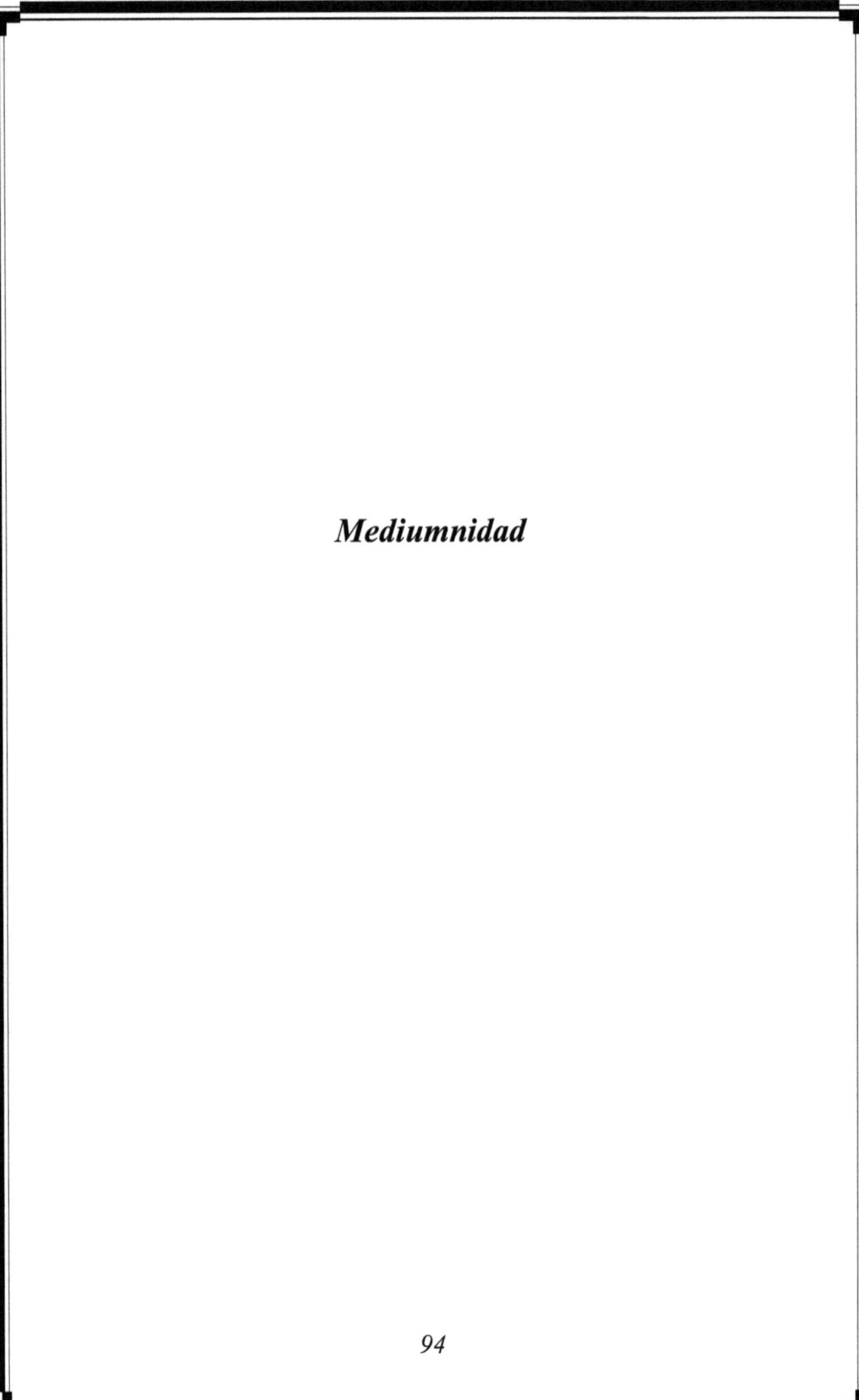

Mediumnidad

"Lo que el hombre aun primitivo, no comprende, le llama magia, el hombre de intelecto le llama ciencia"

La mediumnidad es la capacidad, mental del ser humano para comunicarse con los planos espirituales e interactuar con ellos, es propia de cada individuo, todos poseen esta capacidad algunos más desarrollada que otros y la mayoría desconoce de su existencia en su ser, parte de la sensibilidad que se posee hacia el mundo espiritual, es importante comprender que la mediumnidad es dada al ser humano como medio de servicio y desarrollo espiritual, a través de la mediumnidad podemos entregar al ser humano la guía espiritual la asistencia del bien en su mayor expresión, Las facultades desarrolladas o formadas, son aquellas que se construyen en la práctica dentro del estudio, con la ayuda de un buen director, y algo muy importante a tener en cuenta, son fruto del trabajo desarrollado en nuestro ser, tanto espiritual como corporal, instruidas por un maestro o mensajera guía, que interactúa con el practicante a través de la transmisión fluidica espiritual, con el fin de desarrollar la facultad y prestar un servicio como herramienta de la vida espiritual, en este estado como médium formado, se es consciente de sus capacidades, adquiriendo un dominio fluido sobre ellas.

La mediumnidad surge de las victorias obtenidas en los aspectos de moral y entendimiento de nuestro ser, la creación y desarrollo de la vida.

Tipos de mediumnidad:

- *Mediumnidad Natural*
- *Mediumnidad de Prueba.*

Mediumnidad Natural

Podemos ver en los hermanos que muchos de ellos traen innato en su ser facultades desarrolladas desde una temprana edad, ellos no son privilegiados de Dios ni se les debe ver como seres superiores, debemos comprender en ellos , espíritus que han tenido victorias en sus vidas anteriores que han sido dóciles a la ley de Dios, pero en resumen la mediumnidad depende precisamente de nuestras victorias sobre las pasiones vanas reconoces que Dios está por encima de todo, que sin Él y su ley no existe el progreso no es posible realizar nada en verdad dentro del aspecto espiritual.

La mediumnidad se manifiesta en la temprana edad del ser debido que es en esta etapa que el ser humano es más sensible, libre de las ataduras y las pasiones que el plano terrenal ofrece, quimera propia de la vida en él. El espíritu se encuentra manifiesto en su ser, fluye en tranquilidad el dominio de su ser, la conciencia aun libre de la contaminación del mundo, a medida que el niño crece conoce más del mundo, las facultades tienden a ocultarse pero al igual que un eclipse, la luz solo se oculta por un tiempo, renace en el momento que el ser se muestre virtuoso, innato de cada uno el deseo de conocer más de Dios los acerca de nuevo a su verdad, surge entonces un diamante en bruto que encontrara en la vida el joyero que le brinde su mayor expresión, " la vida".

A medida que el ser posee las facultad innata o natural, se aleje de la vida mundana y se sumerja en la vida espiritual sus facultades se harán más latentes, palpable en esa persona el medio adecuado para que los buenos espíritus se manifiesten.

“Recordad bien que la mediumnidad es el camino más corto a la evolución, al progreso espiritual”.

Mediumnidad de Prueba

Una oportunidad brindada y acordada por el plano espiritual, a un ser que se encuentra próximo a encarnar y que del desarrollo de su cruzada dependerá el fruto a cosechar, son las facultades de prueba, una oportunidad y al mismo tiempo la evaluación del comportamiento que ha de tener, como encarnado con los dotes espirituales que se le impregnan buscando generalmente que ayude y progrese como servidor de Dios.

Dicha mediumnidad se puede manifestar en cualquier etapa de la vida, y trae consigo una infinita obligación, del trato y la forma como se aplicara, es la más común a mi modo de comprender el plano en el que nos encontramos y cuestionando el comportamiento de la mayoría de los que se hacen llamar maestros o mediumnes, que portan con estandarte la vanidad de sentirse privilegiados o especiales.

La mediumnidad de prueba requiere la formación continua para ser exitosa, la práctica adecuada y la formación sana de ella.

Es aquí donde encontramos personas moralmente atrasadas y de comportamientos dudosos, con facultades espirituales que parecieran no ser propias de ellos, la ley de Dios manifestándose en una forma de prueba y misión para el espíritu, que encuentra de esa forma una oportunidad, muchas veces abogada por espíritus benefactores, que ven una oportunidad y a través de ello como sacar un espíritu del estancamiento, en el que se encuentra, tratando de rescatarlo del abismo del que no ha podido surgir, una facultad en préstamo que ha de devolver al mundo espiritual, con los triunfos que sus hermanos obtuvieron a través de él, pues todo se resume al servicio desinteresado y amoroso al prójimo, consecuencia de ello la vanidad, el egoísmo, la prepotencia son los mayores males para estos en su misión, les puede llevar al fracaso.

Otro aspecto a tener en cuenta en la necesidad de los grupos de espíritus encarnados que se encuentran errantes o mal encaminados, un llamado de Dios a la corrección del camino por intermedio dela mediumnidad de uno de sus hermanos y las facultades de prueba que este pueda recibir.

Por eso insisto para los mediumnes y los practicantes, el buen corazón en el desarrollo de la actividad espirituales, el cuidado y amor que se le debe brindar a la facultad obtenida pues probablemente sea ella el salvavidas, para el espíritu en medio de la mar tormentosa de los fracasos del espíritu en las cruzadas anteriores.

Parecer un buen médium se debe aplicar la ley de Dios en la vida diaria, luchar continuamente contra la pereza y el conformismo, saber que la oportunidad está dada y que la brecha a abrir entre el fracaso y el éxito solo puede ser generada por el trabajo de cada uno.

Los triunfos morales que tengan en el desarrollo de la vida humana será el tesoro que perseguir los que buscan la victoria absoluta en su vida.

Muchos esperan la fórmula mágica para hacerse merecedores a una facultad o tener dominio sobre ella, el secreto está en el trabajo continuo en el servicio, muchos esperan el dictamen, la sentencia recibida por un director o un médium que le diga que ya está dotado de la facultad, más cuando aún los espíritus puros del señor esperan un corazón noble dispuesto a servir de herramienta para auxiliar a sus hermanos, la mejor practica que se puede hacer es arrodillarse frente a la cama de un enfermo y extender las manos sobre el en oración pedir a Dios el permiso y la asistencia de poder ayudar a ese hermano caído en la enfermedad, es seguro si tu corazón es limpio y tu deseo absoluto, así no percibas absolutamente, nada que ellos brindaran la ayuda fluidica que el paciente requiera y poco a poco a través del servicio llegara el fruto.

La Obsesión.

La lucha que llevara todo espíritu encarnado en la tierra, y de la cual nadie esta exento en su totalidad, es la influencia directa de un espíritu bajo que busca con infinito afán desviar a su hermano, sobre todo en los momentos que este da luz de algún progreso moral.

Puede ser muy sutil o estar en completo dominio del pensamiento en el ser encarnado, todo depende de la persona, su estado moral, su comportamiento, valiéndose de la debilidad para llegar a dar cuenta de malos pensamientos, sucesos funestos, como agresiones y todo tipo de turbación incluso el homicidio, el suicidio.

Otro tipo de obsesión esta relaciona con las afecciones de índole orgánica, presentándose la enfermedad espiritual como un medio de cobro por las faltas cometidas contra ellos, las manías generalmente están asociadas a las obsesiones.

Por ello estando consientes de la existencia de la obsesión, como practicantes del espiritismo, debemos ser cuidadosos con lo que llega a nuestro pensamiento buscando turbar nuestro equilibrio emocional, podemos ver como una fracción de segundo, un suceso puede desencadenar un cumulo de reacciones que no siempre son positivas, de esto se desprende de nuevo la importancia del dominio de pensamiento, la educación mental como medio supremo para el desarrollo de las facultades, asimilando las condiciones propicias para los buenos espíritus.

El dominio de la materia en cuanto a las pasiones y comportamientos siempre será una de las columnas principales en la práctica del espiritismo.

Somos como una lira que es tocada por nuestro espíritu y en el pensamiento como encarnados, esa notas pueden ser sutiles de un sonido y melodía hermosa propicia para el bien de la humanidad, o de notas pesadas grotesca que rayan en la perdida de la cordura, nos mostramos entonces propicios a la persecución a la lascivia de los espíritus bajos, incluso nos prestamos para satisfacer sus necesidades que aún tienen al estar extraviados y con la necesidades grotescas de la vida que llevaron.

Es así como desde los vicios más sencillos como el fumar, la gula, la morbosidad, hasta los más peligrosos, como el alcohol, la drogadicción, el abuso, en la mayoría de los casos no son absolutamente propios inducidos al deseo de dar cumplimiento a los caprichos de espíritus, y al contrario de creer que son fácilmente saciable resultan en un voraz deseo de querer más, llevando al ser encarnado a cometer actos que generalmente pueden destruir sus vidas en su punto más crítico.

El mayor problema está en el medio de recepción que sufre el encarnado por que en la mayoría de los casos pueden presentarse desde temprana edad, volviéndolo común para él y para los que lo rodean, sumado a ello encontramos la sutilidad de la influencia ejercida por los espíritus bajos.

El mal humor o mal genio, es una muestra clara de lo que aparentemente puede ser algo normal en una persona, es de mal carácter se afirma, incluso no falta aquel que se sienta satisfecho al sentir que recibe respeto por su comportamiento, o como alguien me manifestó un día, mi espíritu es el de un guerrero, la verdad es que solo demuestra la enfermedad del encarnado, como síntoma de la pobreza del espíritu, la torpeza de la materia.

Al entrar continuamente en esos estados alterados, se muestra propicio para los espíritus bajos en función de obsesores, como las moscas a la carne son atraídos por este comportamiento, luego de establecer la obsesión el comportamiento será más común y poco a poco este ser mal humorado se mostrara insoportable para los que lo rodean y comparten con él, sin darse cuenta el obcecado pondrá en riesgo sus lazos familiares de cualquier índole social al mostrarse irascible.

Es importante que sepáis, que sois responsables de cada acto en vuestras vidas, como resultado de la falta de acepción por los preceptos divinos su cumplimiento, sera más grande el cobro, cuando se conoce su razón y se reconoce como falta.

De tal forma que nuestro comportamiento, vicisitudes, nos predisponen a la influencia obsesiva.

Tipos de Obsesión:

Debemos comprender y ver la obsesión, como una forma parasitaria de nuestro ser tanto corporal como espiritual, aquí haremos una clasificación de los tipos de obsesión.

- *Obsesión de espíritu a materia.*
- *Obsesión de espíritu a espíritu.*
- *Obsesión recíproca.*
- *Obsesión inducida.*
- *Auto obsesión.*

Obsesión de espíritu a materia:

Se presenta con el objeto de causarle un daño consiente o no al encarnado, teniendo varios orígenes, se facilita a través de los comportamientos negativos, puede ser parcial o total en diferentes momentos o circunstancias, cuando se presenta la obsesión como un cuadro de afinidad o simpatía, por determinados actos, en donde la trasmisión fluidica perjudica al encarnado y trastorna al desencarnado, no siempre mostrándose en este aspecto como mórbida o placentera para cualquiera de los dos.

Obsesión de espíritu a espíritu:

Al igual que en el mundo corporal existen personas con la capacidad de conquistar las mentes y los actos de sus hermanos, también están los espíritus que hacen los mismo con otros desencarnados, generalmente para cobrar deudas de un pasado, a un antiguo verdugo, así el espíritu induce a otros a atormentar a los encarnados, o a buscar satisfacerse a través de una determinada persona de sus pasiones vanas y bajas.

El problema tiende a agravarse cuando la sintonía espiritual atrae a otros seres de igual conciencia y se vuelve así toda una comunidad, causante de una persecución sobre una sola materia, trayendo consigo consecuencias dañinas y hasta maquiavélicas sobre el ser encarnado, un espíritu perverso puede incluso ejercer de una u otra forma un tipo de esclavitud, para los espíritus débiles y extraviados que abundan en la esfera terrenal.

Obsesión reciproca:

Este punto puede a mi forma de ver, ser el más interesante, debido a que la idea común es que los obsesores actúen sobre los encarnados, mas no se concibe con claridad como el ser terrenal pueda Obcecar a un espíritu en el plano espiritual.

Recién desencarnado:

Es algo natural de la vida su comienzo y su final, desde el razonamiento del común para los que pierden un ser querido, sufrir la perdida, en la mayoría de las veces de una forma angustiosa, cargando con dolor, tristeza, amargura incluso rabia, la partida de ese ser amado, todo lo que nuestra mente fije en ese ser, él lo recibirá como un constante llamado, y lo que enviemos lo atormentara, lo llamaremos a venir a demorarse en su proceso de partida, incluso lo podemos llegar a extraviar.

Si llegamos a generar una idea de obligación del espíritu recién desencarnado para con un tema, o para con algún ser encarnado, este puede encontrarse turbado con un claro sentimiento de culpa, tratara de enmendar lo que ya no puede corregir, al final optara por quedarse cerca de nosotros para buscar la indulgencia del error o la falla cometida, falta que probablemente no sea real ni justa.

Suplicas y Peticiones:

En la ignorancia de algunas personas, el pensar que a un ser amado le podemos suplicar para que intervenga en nuestros asuntos corporales, buscando obtener favores, realizando un llamado, buscando su espíritu se acerque a darle solución a los problemas que hemos generado, el espíritu sufre en el mundo espiritual tal llamado, más cuando no está en sus manos dar solución a dichos sucesos.

Obsesión Inducida:

Abordaremos en este punto las artes oscuras o la llamada hechicería, aquellos que conocemos con certeza la vida del espíritu, sabemos que existen seres inescrupulosos que se dedican a causarle daño a otros hermanos a través del arte oscuro, como vimos en el punto anterior nos convertimos en obsesores cuando suplicamos la intervención de espíritus en nuestras vidas.

De igual forma los practicantes de la hechicería invocan, atraen espíritus, esclavistas de los necesitados y extraviados pueden llegar a atormentar un espíritu obligándolo al mal por décadas, incluso dejándolos atados por muchos años a un evento, perdidos estos hermanos anhelan la intervención del verdadero espiritista, ese que los busca y los libera de sus ataduras.

Auto Obsesión:

Los estados de pensamiento y obra de muchas personas, los puede llevar a sufrir de auto obsesión, una forma de enfermedad del alma, reside en el subconsciente, un ejemplo claro es para los enfermos que asisten de forma abnegada a consultorios médicos y d*e diferentes índoles, buscando la sanación* *de una enfermedad que no está en el cuerpo si no en los actos cometidos, la culpa enferma.*

Otro aspecto está en la baja autoestima, sintiéndose infelices, incapaces, innecesarios, enferman su cuerpo por medio de su pensamiento, generando en ellos la auto obsesión.

Es claro en este punto que nos trasformamos en acreedores de sí mismos, nos atormentamos con nuestras fallas nos degeneramos por el error.

La importancia de adoctrinar.

El mundo espiritual manifiesta, que uno de los grandes errores al igual como falla en los centros de espiritas, es el de terminar convertidos en centros de curandería, donde aquellos hermanos que solo buscan su mejoría poseen su conciencia alejada de la verdad, se les puede ver persiguiendo al médium o al grupo mediumnico cuando el tema a desarrollar es el tratamiento espiritual.

Creyendo así que templo espirita no es más que el centro de sanación de dolencias, en este aspecto el espiritismo pierde su fondo, incluso se puede ver que muchos de estos hermanos encarnados solo conocen el centro espiritual como un lugar donde allí pueden ayudarle con sus problemas físicos y personales, por este aspecto se debe reconocer y fortalecer al templo, como un centro de formación para aquellos que buscan la vida espiritual, comprender así lo temas de la moralidad espirita, la ciencia espirita y su aspecto teológico, es de orden preponderante, así el templo adquiere un sentido mayor a los ojos del mundo espiritual, obteniendo la asistencia de las entidades que tratan del progreso humano en estas áreas, adquiere la obra espirita su razón, sentimiento real de existencia y desarrollo humano.

"el espiritismo va más allá del fenómeno mediumnico, es educación, para el progreso".
Se podría separar al espiritualista del espiritista por simple aspecto de su deseo y ansia de ser mejor cada día, su lucha personal por abandonar todo aquello que es vano y terrenal.
Aclarando así que el espiritismo vano, es aquel desarrollado por grupos enfocados a recibir favores espirituales.

La necesidad de adoctrinar las personas en la vida espiritual, es el verdadero fondo de los misioneros de Dios, tomar una semilla y convertirla en el fruto del cual saldrán nuevas semillas, dispuestas a dar el cumplimiento a la ley de Dios, llevando al ser humano a la conciencia del espíritu, las personas que se impregnan del conocimiento espirita, que llevan la doctrina y que comprenden aplican las leyes espirituales en su vida, son inspiradores, que atraen a las personas a la vida espiritual, luchan continuamente por llevar a los hijos de Dios a ese camino de amor y verdad.

Luchad incansablemente por lograr el objetivo de salvar no solo sus cuerpos también sus espíritus al terminar la cruzada podrás entregar a los ojos de Dios, no solo a tu espíritu, sino delante de ti a todos aquellos que llevaste contigo al camino del bien y de la bondad.

Oración al terminar el estudio

Agradezco a ti Padre amado, por permitirme la comprensión de este texto sagrado, al Maestro Jesús, y a cada uno de los espíritus amadores de Dios que me permitieron tener en mis manos estas Obra para mi formación y crecimiento espiritual agradezco con devoción.

Si hubiese cometido alguna falta de pensamiento contra la obra, pido perdón por ello, y suplico me concedan comprender cada aspecto, la fortaleza para poner en práctica lo aprendido, a mi ángel guía y a los benefactores espirituales, protegedme del desvió que mi mente carnal pudiese caer.

Gracias Padre amado por tu amor, reflejada en mi encarnación.

Nota: ¡Elevarse cada día al terminar la jornada de estudio!

Agradecimientos.

A cada uno de los estudiantes de la fe, espirita, que dediquen con abnegación y conciencia de verdad, el estudio disciplinado consiente de los temas tratados en la Obra, Un Espiritista de acuerdo a la voluntad de Dios.

Al Padre Supremo, por concederme la oportunidad de entregar, este texto a la humanidad.

Como un último consejo, les recomiendo mantener toda vuestra vida, la comunión con Dios, a través de un amor fraterno por la humanidad, el respeto más profundo por los preceptos, leyes espirituales.

Gracias Padre Amado.

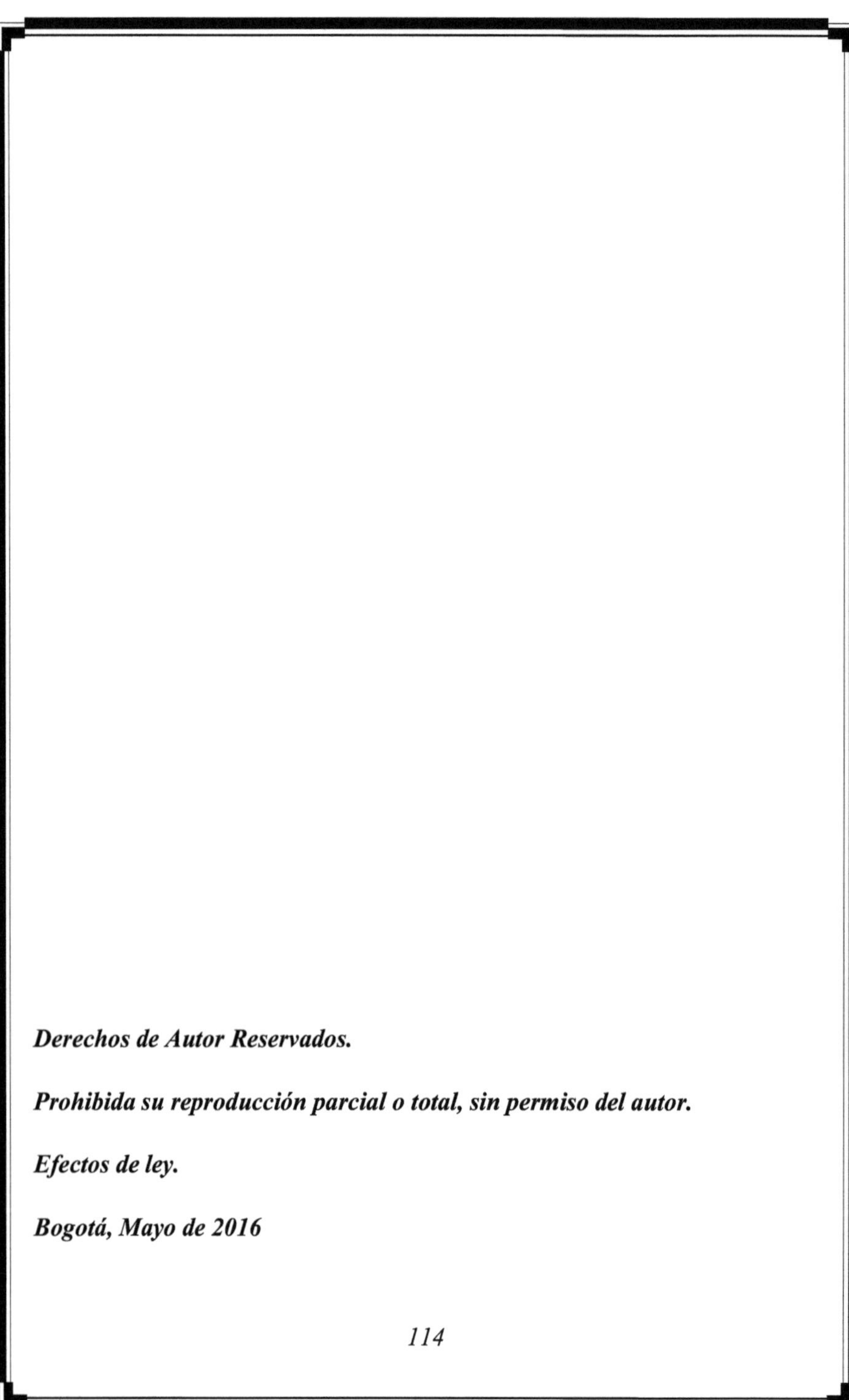

Bogotá, Mayo de 2016

Printed by Books on Demand GmbH, Norderstedt / Germany